GPS Praxisbuch

Tourenplanung mit
GARMIN BaseCamp

www.red-bike.de

Herstellung & Verlag:
Books on Demand GmbH, Norderstedt

GPS Praxisbuch – Tourenplanung
mit Garmin BaseCamp

© Red Bike [®] Auflage 3 – August 2015

Autor und Grafik: Janet Bader,
Red Bike[®] Nußdorf a.Inn

ISBN 978-3-8482-2144-8

Inhaltsverzeichnis

Kapitel-Seite

VORWORT **5**

KAPITEL 1 – ALLGEMEINE GRUNDLAGEN **1–7**

BASECAMP INSTALLIEREN UND STARTEN 1–9
GARMIN KARTENDATEN-DVD AM PC INSTALLIEREN....................1–14
Garmin Benutzerkonto anlegen *1–14*
SONSTIGE OPTIONALE KARTEN 1–17
DAS BASECAMP-ARBEITSFENSTER EINRICHTEN..........................1–20
Das Kartenfenster *1–20*
Steuerelemente der Karte..*1–25*
Symbolleisten anordnen *1–26*
Bibliothek, Listen, Listenordner und Gerätespeicher.................*1–30*
ROUTEN UND TRACKS..1–34
WEGPUNKTE UND POIS..1–37
DIE SUCH-FUNKTION IN BASECAMP 1–38
Die regionale Suche *1–41*

KAPITEL 2 – TOUREN ZEICHNEN **2–43**

START EINER JEDEN ZEICHNUNG...2–43
WEGPUNKTE ERSTELLEN...2–46
Wegpunkt mit Alarmierungsfunktion *2–48*
Wegpunkte verschieben...*2–50*
ELEMENTE LÖSCHEN ODER ENTFERNEN 2–51
ROUTEN ANHAND EIGENER WEGPUNKTE ERSTELLEN 2–52
HÖHENPROFILGRAFIK 2–58
Messen von Teilstücken...*2–58*
DATEN AM PC ABSPEICHERN UND SICHERN 2–61
ROUTEN ZEICHNEN..2–63
Zwischen zwei Punkten *2–63*
Direkt in der Karte...*2–67*
Verschiedene Wegmarkierungen *2–74*
Route erweitern..*2–79*
Track aus Route erstellen...*2–81*
Teilen und Zusammenfügen *2–81*
Streckenverlauf anhand des Höhenprofils beurteilen................*2–85*
Trackpunkte einfügen oder verschieben *2–87*
TOUREN AUS MARKIERTEN WEGEN ERSTELLEN...............................2–89

TIPPS UND TRICKS 2–95
   Wenn die Tour größer als der PC-Monitor ist *2–95*
   Die Tour als Route oder Track zeichnen? *2–96*
ROUTEN ANHAND EINER TOURENBESCHREIBUNG ERSTELLEN 2–98
   Route / Track weiterzeichnen *2–101*
   Wegpunkte an der Strecke *2–101*
TOUREN AUSDRUCKEN 2–102
DATEN ZUM GPS-GERÄT ÜBERTRAGEN 2–108
   Achtung - Gerätedaten sichern *2–108*
   Objekte umsortieren / bestimmten Listen zuordnen *2–109*
   Garmin Dateiformate: GPX, GDB, FIT, TCX, CRS *2–114*
KARTEN VOM PC ZUM GPS-GERÄT ÜBERTRAGEN 2–115
   Einzelne Kartenteile übertragen *2–117*

KAPITEL 3 - TOUREN NACHBEREITEN **3–121**

TOUREN AUS DEM „NETZ" 3–121
   Daten importieren und bearbeiten *3–122*
AUFZEICHNUNGEN AUS DEM GPS-GERÄT AUSLESEN 3–123
   Höhenwerte: barometrisch, per GPS oder aus der Karte *3–126*
   Aufzeichnungen vom Gerät empfangen, bearbeiten und abspeichern *3–128*
   Einen Track (oder Route) als Animation betrachten *3–131*
   Sonstige Tools *3–132*
GARMIN-ABENTEUER 3–134
   Abenteuer erstellen *3–134*
   Abenteuer veröffentlichen *3–138*
   Nach Abenteuern suchen *3–139*

KAPITEL 4 - SPEZIELLES **4–143**

WEGPUNKTE MITTELS KOORDINATEN ERSTELLEN 4–143
EIGENE WEGPUNKT-SYMBOLE ERSTELLEN 4–146
CLOUD-SPEICHER AKTIVIEREN 4–147
REISEPLANUNG 4–148
DAS VERMEIDUNGSTOOL 4–151

INDEX **154**

Vorwort

Willkommen im Kreis der Outdoor GPS-Nutzer und Tourenplaner. Schön, dass Sie sich für dieses „GPS Praxisbuch – Tourenplanung mit Garmin BaseCamp" entschlossen haben.

Eine gute Entscheidung! Denn Sie werden mit diesem Werk nicht nur die Funktionen in BaseCamp erlernen, sondern auch ein Gefühl für die perfekte Tourenplanung bekommen. Mit vielen Praxisbeispielen, Bildern und den Schritt für Schritt-Beschreibungen ist es eine Anleitung zum Mitmachen.

Während im Kapitel 1 einiges Grundlegendes zum Thema GPS vermittelt wird, beginnen Sie auch schon die BaseCamp-Oberfläche zu erkunden und an Ihre Bedürfnisse anzupassen. Im Kapitel 2 erstellen Sie zu Beginn Ihre ersten Wegpunkte und einfache Tourenentwürfe. Bis zum Ende des Kapitels entwickeln Sie sich zum professionellen Tourenplaner, der den Wert von Wegmarkierungen und Höhendetails zu schätzen weiß. Das Kapitel endet mit dem Übertragungsvorgang zum Garmin-GPS und läutet Kapitel 3, die Datenaufbereitung nach der Tour, ein. Kapitel 4 hält noch einige Spezialitäten bereit, denen Sie dann schon längst gewachsen sind. Und im Index finden Sie schließlich alle die Schlagwörter wieder, die Ihnen während dieser Schulungsreise schon einmal begegnet sind. Damit Sie die Kapitel schnell finden, sind diese auf jeder Seite vor der Seitenzahl aufgeführt.

Dieses Buch bezieht sich auf die PC-Betriebssysteme Windows 7 und höher sowie die BaseCamp Version 4.5.0.

BaseCamp entwickelt sich zwar sehr rasch immer weiter, doch ist davon auszugehen, dass dies die Anleitungen dieses Werkes nur minimal verändert. Sinngemäß sollten trotzdem alle Anleitungen verstanden und die Funktionen in BaseCamp gefunden werden können bis auch dieses Buch wieder eine Neuauflage erfährt.

Kapitel 1 – **Allgemeine Grundlagen**

Die Garmin-Software <u>BaseCamp</u> ist das Kartenbearbeitungs-Programm für den heimischen PC oder einen Laptop/Netbook für unterwegs. Das Verwenden einer PC-Maus ist dabei sehr sinnvoll.

BaseCamp wird kontinuierlich weiterentwickelt. Ist Ihr PC mit dem Internet verbunden, aktualisiert sich die Software automatisch. Sie erhalten dann eine Meldung, wenn ein neues Update vorhanden ist. Haben Sie diese Meldung aus Versehen weggeklickt oder gar nicht bemerkt, können Sie die Aktualisierung auch über den Menüpunkt „Hilfe" > „<u>Update</u> jetzt installieren" starten. Verfügt Ihr PC über keinen ständigen Internetzugang, laden Sie sich hin und wieder die neueste BaseCamp-Software manuell von der Garmin Downloadseite wie im nächsten Abschnitt beschrieben herunter und installieren diese über Ihre aktuelle Version drüber.

Mit BaseCamp kann man flexibel und komfortabel arbeiten - gerade wenn es um Outdoor-Anwendungen geht. Das heißt man kann Touren erstellen (zeichnen), davon Teile entfernen oder einfügen, Touren zerteilen und mit anderen wieder zusammenfügen, Touren auf dem PC abspeichern oder an das Garmin GPS-Gerät senden. Genauso können die vom GPS-Gerät aufgezeichneten Daten in die Software geholt und bis ins kleinste Detail ausgewertet werden. Aber nicht nur Touren, sondern auch Wegpunkte, Punkte mit Alarmfunktion, koordinaten-bezogene Fotos, bis hin zur Erstellung von kompletten Ausflugs-programmen („Abenteuer") und Mehrtagesreisen können in BaseCamp erzeugt und an das GPS-Gerät gesendet oder zum Weitergeben an Freunde verarbeitet werden.

Mit BaseCamp erhält man neben der herkömmlichen 2D-Ansicht mit Höhenprofil auch einen Geländeüberblick in der 3D-Ansicht, in der man z.B. auf der gezeichneten oder aus dem GPS-Gerät ausgelesenen Strecke virtuell entlangfliegen kann. Somit erhält man einen sehr realistischen Geländeeindruck.

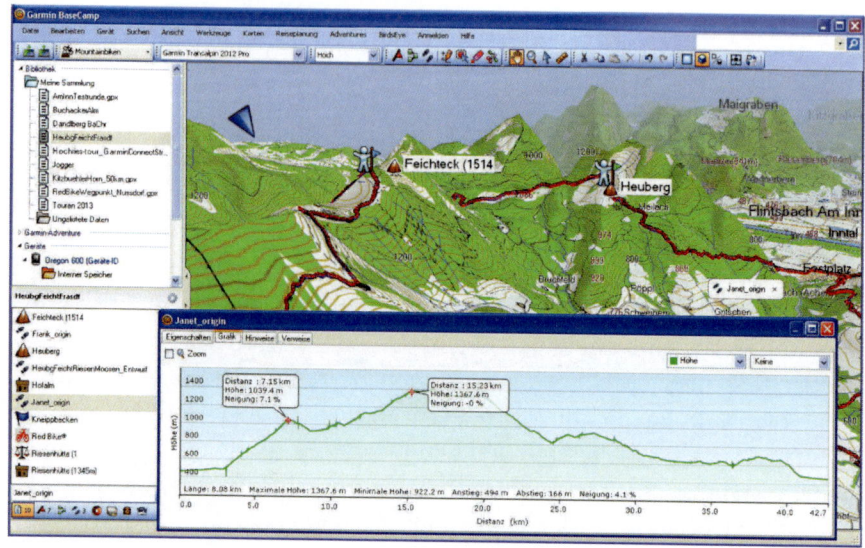

Abbildung 1-1 BaseCamp Kartensoftware mit Topo TransAlpin und
Track in der 3D-Ansicht mit Höhenprofil

Mittels BaseCamp können Sie direkt auf den Speicher Ihres ange-
schlossenen GPS-Gerätes zugreifen. Die darin liegenden Kartendaten
können Sie dadurch am PC genauso sehen und nutzen wie, wenn Sie
diese von DVD an diesem PC installiert hätten. Sind Sie also im Besitz
von Garmin Kartendaten-DVDs, welche sich aus lizenzrechtlichen
Gründen an nur einem PC installieren und mit nur einem GPS-Gerät
betreiben lassen, haben Sie somit die Möglichkeit auch im Urlaub auf
einem weiteren kleinen Reise-PC die BaseCamp-Software zu verwenden, um somit vor Ort noch ein paar Tourenplanungen oder -ände-
rungen vorzunehmen, ohne die Kartendaten-DVD dort jemals installiert zu haben.

Verwenden Sie Ihr Garmin GPS-Gerät mit Puls- und/oder Tritt-
frequenzsensor, so können auch diese Aufzeichnungen als Liniengrafik
in der Höhenprofilgrafik dargestellt werden.

BaseCamp installieren und starten

Um BaseCamp am PC verwenden zu können, laden Sie sich die kostenlose Software von der Garmin-Webseite herunter.

Besitzer von topografischen Garmin-Karten in DVD-Version bräuchten dies im Normalfall nicht tun, da sich die BaseCamp-Software bereits mit auf der DVD befindet und gleichzeitig mit den Kartendaten am PC installiert. Allerdings arbeitet man heutzutage kaum noch nur an einem Rechner und benötigt daher sowieso die BaseCamp-Software für weitere Rechner, die man wie gesagt z.B. mit auf Reisen nimmt.

Öffnen Sie also bitte an Ihrem Rechner den Browser, um in das Internet zu gehen. Tippen Sie in die Browser-Zeile www.garminservice.de/downloads/ oder tippen Sie nur www.garmin.de ein und wählen dort den Link „Support" und dann „Software Downloads".

Scrollen Sie so weit nach unten, bis Sie den PC- und MAC-Link für

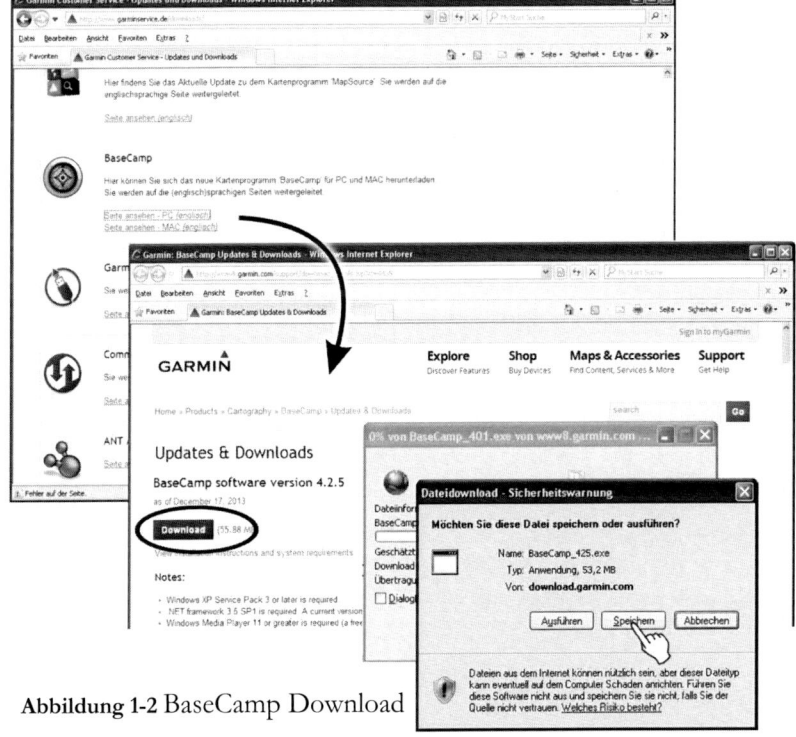

Abbildung 1-2 BaseCamp Download

den BaseCamp-Download finden. Dort klicken Sie auf „Seite ansehen – PC", wenn Sie mit einem Windows-Rechner arbeiten. Oder klicken Sie auf „Seite ansehen – MAC", wenn Sie mit einem Apple Macintosh-Rechner arbeiten.

Es wird sich die englischsprachige Seite des Downloads öffnen. Klicken Sie nun auf „Download" und wählen Sie im erscheinenden Dialogfenster „Speichern", damit Sie sich das gesamte Programm inklusive der Installationsdatei herunterladen. Wählen Sie den Speicher-ort aus, wo diese Datei vorrübergehend abgelegt werden soll. Ist der Download beendet, können Sie alle Browserfenster schließen und öffnen den Ordner, wohinein Sie die Datei gespeichert hatten. Hatten sie keinen speziellen Ordner ausgewählt, sind alle „Downloads" im gleichnamigen Ordner Ihres PC-Arbeitsplatzes zu finden.

➔ Diese Datei dient also nur zur Installation des Programmes. ⬅

Nach einem Doppelklick mit der linken Maustaste auf die Datei entpackt sich diese und installiert von selbst das BaseCamp-Programm auf Ihrem Rechner. Danach können Sie diese Installationsdatei löschen oder auf einen USB-Stick kopieren, um mit diesem BaseCamp auf weitere Rechner zu installieren.

Nach dieser Installation starten Sie BaseCamp nun also nicht mehr über diese Installations-Datei, denn installiert ist es ja nun bereits, sondern ab jetzt immer über Ihren Programmstart-Button, dem Windows-Symbol im linken unteren Eck Ihres Bildschirms. Bei dem PC-Betriebssystem Windows 7 klicken Sie mit der linken Maustaste entweder auf „Programme" und wählen dort den Ordner „Garmin" und darin „BaseCamp" oder klicken genau wie bei Windows 8 in die

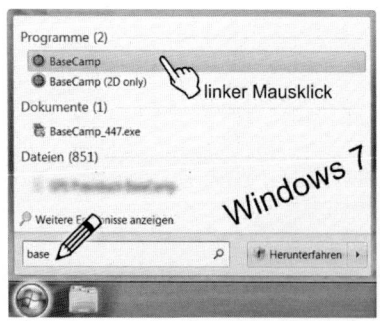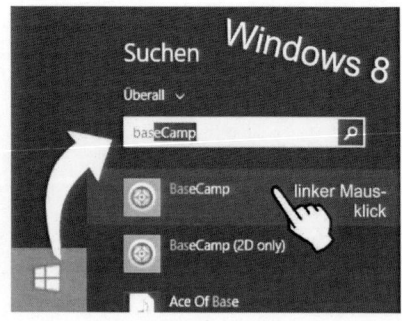

Abbildung 1-3 BaseCamp starten

„Suchen"-Zeile und beginnen dort „basecamp" einzutippen. So wird Ihnen das Programm schnell angezeigt und Sie können dieses mit einem linken Mausklick starten. Wenn Sie sicher sind, dass Sie die 3D-Ansicht bei Ihrer heutigen Arbeit nicht benötigen, können Sie den Programmteil „BaseCamp (2D only) starten. Das verlangt Ihrem PC etwas weniger Rechenleistung ab.

Mit BaseCamp weißt Du schon vorher wie lang die Tour wird, wieviel Schuhe Du für unterwegs brauchst…. ☺

Haben Sie BaseCamp nun gestartet, begrüßt Sie erst einmal der Funktions-Assistent, der Ihnen schon einmal die ersten Schritte erklärt. Danach entfaltet sich das BaseCamp-Arbeitsfenster vor Ihnen mit nahezu allem, was BaseCamp zu bieten hat. Das kann so wie in der folgenden Abbildung aussehen.

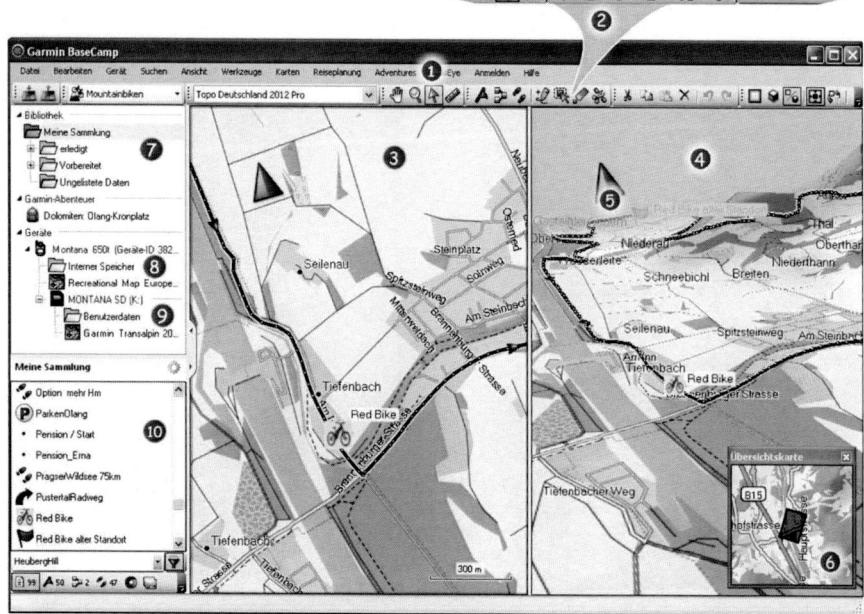

Abbildung 1-4 Das BaseCamp Arbeitsfenster

1 = Menüleiste

2 = Symbolleiste

3 = Karte in 2D-Ansicht

4 = Karte in 3D-Ansicht

5 = Steuerelement der Karte

6 = Übersichtskarte /Minikarte

7 = Bibliothek: Arbeitsordner im PC

8 = Mit dem PC verbundene Geräte: Arbeitsordner im Gerätespeicher

9 = Sonstige erkannte externe Speichermedien, die sich auch im GPS-Gerät befinden können

10 = Liste aller Objekte, die sich an dem Speicherort befinden, der oberhalb angewählt wurde

Aber keine Angst, das räumen wir erst einmal auf, so dass wir einen Überblick gewinnen und Platz zum Arbeiten schaffen.

Abbildung 1-5 Daten auslesen

Sind Sie im Besitz einer vorprogram-mierten microSD-Karte, auf der also von Garmin bereits Kartendaten einer Straßenkarte, topografischen oder maritimen Karte installiert wurden, so legen Sie diese bitte in Ihr GPS-Gerät ein. Der dafür vorge-sehene Steckplatz befindet sich bei den Garmin Outdoor-Geräten meis-tens unter den Batterien, bei den Garmin Trainingsgeräten seitlich unter einer Gummiabdeckung. Mit den Karten-daten von der microSD-Karte sind Sie nun sofort startklar und müssen auch nichts freischalten.

Bei einigen Geräten, die mit detailliertem Kartenmaterial ausgeliefert werden, befinden sich die Kartendaten bereits im Gerätespeicher.

Verbinden Sie das Gerät per USB-Kabel mit Ihrem Rechner und warten Sie bis der grüne Ladebalken in der linken Spalte im BascCamp-Fenster vollständig durchgelaufen ist. Das ist die Zeit die BaseCamp benötigt, um die Karten- und GPS-Daten aus dem GPS-Gerät zu laden.

Garmin Kartendaten-DVD am PC installieren

Sind Sie hingegen Besitzer einer Kartendaten-DVD, so müssen Sie diese nun zuerst einmal an Ihrem Rechner installieren und online freischalten. Das passiert im Installationsvorgang automatisch. Den sichersten Weg gehen Sie, wenn Sie sich zuerst ein

Garmin Benutzerkonto anlegen

Es dient Ihnen dazu:

- dass Sie nach der Freischaltung jederzeit nochmals auf die wichtigen Lizenz-Codes Ihres Kartenproduktes zugreifen können, falls bei der Installation etwas nicht so recht geklappt haben sollte.

- dass Sie sofort sehen, ob für Sie evtl. eine kostenlose, neuere Version Ihrer Karte verfügbar ist.

- dass Sie einen Zugang für sämtliche Online-Dienste haben, die Garmin anbietet, z.b. „BirdsEye" = einzelne Kartenausschnitte als Downloadvariante erwerben, „Geocaching" = das kosten-freie Portal für die Art der elektronischen Schnitzeljagd, „Connect" = die eigene Online-Sammlung aller aufgezeichneten Touren, um diese für andere freizugeben

und natürlich auch

- um bei technischen Schwierigkeiten unkomplizierten Service zu erhalten.

Sie können sich aus Ihrer BaseCamp-Software heraus zur Garmin-Anmeldung leiten lassen: Menüleiste > Anmelden > „Konto erstellen".

Oder Sie öffnen Ihren Browser am PC, tippen Sie in die Browserzeile: „www.garmin.de" ein und klicken auf der geladenen Seite in der obersten Zeile auf „Login".

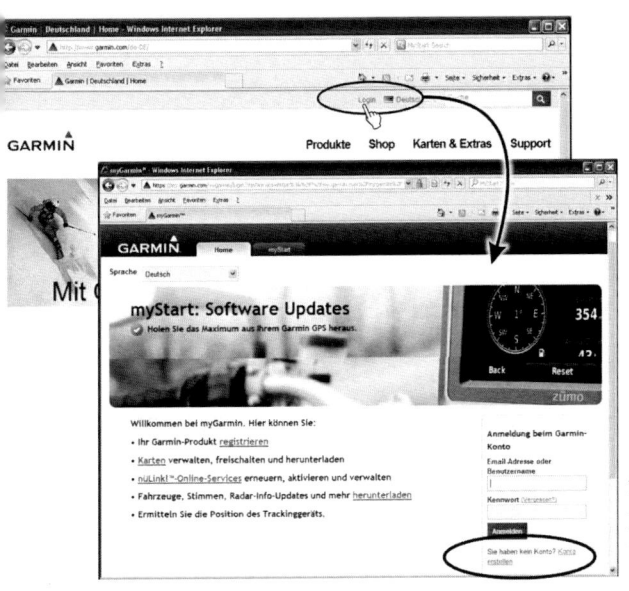

Auf der daraufhin erscheinenden Seite klicken Sie nun auf den ganz rechts unten angeordneten Link „Konto erstellen".

Abbildung 1-6
Ein neues Garmin Benutzerkonto anlegen

Es öffnet sich die Eingabemaske, in der Sie nun Ihren Namen, Ihre E-Mail Adresse und ein beliebiges Kennwort eingeben. Am Ende klicken Sie auf „Konto erstellen". Später werden Sie gefragt, welcher Deckname/ Benutzername verwendet werden soll, der für andere sichtbar wird, wenn Sie z.B. Ihre Touren für die Öffentlichkeit freigeben. Diesen Namen können Sie also frei wählen.

Name*	Max Mustermann
Email-Adresse*	adresse@email.de
Kennwort*	

Geben Sie ein Kennwort mit mindestens sechs Zeichen ein.

Kennwort wiederholen*	

Wenn Sie unten auf die Schaltfläche klicke Datenschutzerklärung von Garmin gelesen

[Konto erstellen] [Abbrechen]

Abbildung 1-7 „ myGarmin"-Konto anlegen

Wählen Sie in Ihrem MyGarmin-Konto den Registerkartenreiter „MyProducts" und klicken Sie auf „Registrieren". Die Produktregistrierung ist notwendig, damit die im nachfolgenden Installationsprozess freigeschalteten Karten Ihrem GPS-Gerät zugeordnet werden können, welches dazu eben in Ihrem Konto registriert sein sollte. Geben Sie bei der Freischaltung kein GPS-Gerät an, können Sie dann auch keine Kartenteile vom PC an das GPS-Gerät senden und in diesem nutzen.

Sie werden während der Registrierung nach der Seriennummer Ihres GPS-Gerätes gefragt (bei Outdoor-Geräten: unter den Batterien, bei Sport- und Trainingsgeräte: auf der Rückseite zu finden). Geben Sie diese ein und klicken Sie auf „Senden". Wenn Ihr Gerätetyp automatisch angezeigt wird, bestätigen Sie die Registrierung mit „Weiter". Ist Ihr GPS-Gerät nun in Ihrem Garmin-Konto gelistet, können Sie sich von Ihrem Benutzerkonto abmelden und alle Browserfenster schließen.

Legen Sie nun die Kartendaten-DVD in das Laufwerk Ihres Rechners ein und starten Sie den Installationsvorgang. Der Assistent führt unmissverständlich durch diesen Prozess und fordert an gegebener Stelle auf, das GPS-Gerät per USB-Kabel mit dem Rechner zu verbinden, um die Karte für Ihren PC und Ihr GPS-Gerät online freizuschalten. Somit können nun alle wichtigen Registrierungsdaten automatisch Ihrem Garmin-Konto zugeordnet werden.

Nach Beendigung der Installation schließen Sie erst einmal alle Browserfenster und können sich dann zum Test ruhig noch einmal in Ihr Garmin Benutzerkonto einwählen. Sie werden sehen, dass dort jetzt das Kartenprodukt und dessen Details mit Freischaltcode angezeigt werden.

➜   Kann Ihr PC das Gerät nicht automatisch finden, so werden Sie eine Meldung erhalten, dass Sie nun erst ein „Plug-in" installieren müssen. Dieses ist ein kleines Tool, welches die Kommunikation zwischen einer Webseite und Ihrem GPS-Gerät ermöglicht. Lassen Sie die Installation also zu. Kehren Sie nach der Plug-in Installation wieder an diese Stelle des Benutzerkontos zurück und folgen Sie den weiteren Anweisungen zum Registrieren des GPS-Gerätes.

Unter Windows 7 und Verwendung des Browsers „Internet-Explorer" kommt es gelegentlich vor, dass sich das Plug-in nicht installieren lässt. So verwenden Sie besser den „Google Chrom"-Browser. Installieren Sie sich diesen kostenlosen Browser auf Ihrem PC und rufen in diesem nochmals Ihr Konto auf, um den beschriebenen Registrierungsvorgang zu durchlaufen. ⬅

Sind Sie nun jedoch weder im Besitz einer vorprogrammierten microSD-Karte noch einer Karten-DVD und suchen nach einer anderen Möglichkeit Karten im GPS-Gerät und PC zu verwenden, so erfahren Sie nun welche

Sonstige optionale Karten

mit der BaseCamp-Software verwaltet werden können.

Kleine Kartenteile zum kleinen Preis – BirdsEye Select:

Mit dieser Garmin-Dienstleistung haben Sie die Möglichkeit, sich zum Preis von 20,- € bis zu 2.400 km² beliebige Kartenausschnitte (im deutschlandweiten Raum erhält man sogar bis zu 5.000 km²) per Onlineverbindung über den BirdsEye-Assistenten von „BaseCamp" auszuwählen und ins GPS-Gerät zu laden.

Die Optik dieser Karten gleicht dem Wanderkarten-typischen Bild einer herkömmlichen Papierkarte (abgesehen von den zerschundenen Faltkanten). Diese Karten können jedoch keine Route berechnen, also keinen Weg vom Start- zum Zielpunkt automatisch ermitteln. Nur in Verbindung mit einer routingfähigen Garmin-Karten im Gerät (z.B. „TOPO Deutschland", „CityNavigator"=Straßenkarte) ist man dann in der Lage, die automatische Wegberechnung und die vertraute Optik einer Rasterkarte gleichzeitig zu nutzen. Trotzdem kann man aber die BirdsEye-Karten in BaseCamp verwenden und in ihnen Touren in Form von Tracks zeichnen.

Dasselbe gilt für die Satellitenbilder für das GPS-Gerät. Wer die Umgebung seiner geplanten Aktivität lieber aus der Vogelperspektive beobachten möchte, ist mit BirdsEye Satellite Imagery bestens bedient. Mit diesem Jahres-Abo zum Preis von 25 € kann man sich die hochauflösenden Satellitenbilder in unbegrenzter Anzahl herunterladen und je nach Speicherplatz im Gerät bzw. dessen Speicherkarte ablegen, welche dann mit den bereits im Gerät liegenden Garmin-Vektorkarten „verschmelzen" würden. Man erhält eine realitätsgetreue Sicht aus der Vogelperspektive auf Straßen, Gelände und Gebäude, kann somit z.B. geeignete Parkplätze am Startpunkt einer Unternehmung ausfindig machen und trotzdem die automatische Berechnungsfunktion der Vektorkarte nutzen.

➔ Diese BirdsEye-Dienstleistung aktivieren Sie über den Assistenten in der BaseCamp-Software. Koppeln Sie Ihr GPS-Gerät per USB-Kabel mit Ihrem PC. Wählen Sie dann in der Menüleiste von BaseCamp > BirdsEye > BirdsEye-Bilder herunterladen. Wählen Sie das gewünschte Kartenprodukt und klicken Sie dann auf das kleine blaue Fragezeichen rechts neben der Auswahlliste, welches Sie zum Produkterwerb und dessen Beschreibung weiterleitet. Dort finden Sie auch die Ansicht der aktuell verfügbaren Abdeckung. Die BirdsEye-Downloads sind wie die meisten Garmin-Karten an ein einziges Gerät gebunden. ←

Die meisten Garmin-Karten sind <u>Vektorkarten</u>. Diese beinhalten Weggerüste mit denen eine Software Routen und Höhen berechnen kann. Im Gegensatz zu <u>Pixelkarten</u> sind Vektorkarten in allen Zoomstufen übersichtlich, perfekt lesbar und haben einen geringeren Speicherbedarf.

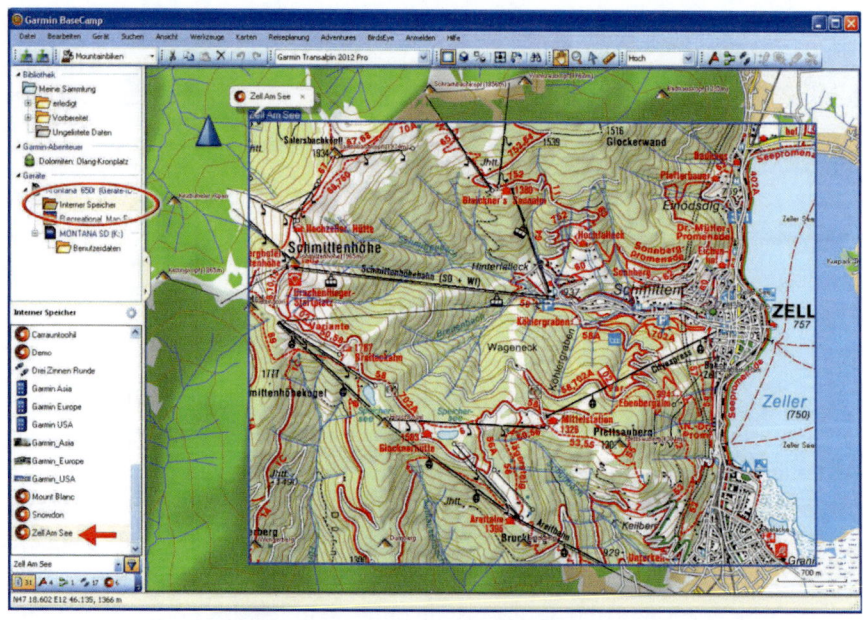

Abbildung 1-8 Garmin Vektorkarte mit Kartenausschnitt des BirdEye Select-Downloads, hier im Bildbeispiel: der KOMPASS-Karten GmbH ©

Auf die im GPS-Gerät abgespeicherten BirdsEye-Bilder kann man mittels der BaseCamp-Software zugreifen und somit am PC verwenden.

Bei Outdoor-Geräten liegen oft schon einige „Demo"-Kartenbilder im Gerät. Um diese anzusehen, führen Sie Ihren Mauszeiger in BaseCamp in die linke Spalte. Dort sollte das per USB-Kabel mit dem PC verbundene GPS-Gerät mit dem Gerätenamen und Identifikationsnummer angezeigt werden. Klicken Sie den obersten Ordner, der sich direkt unter der Gerätekennung befindet („Interner Speicher") mit der linken Maustaste an. In der Objektliste darunter zeigen sich nun alle Objekte, die im Gerätespeicher liegen. Also auch die BirdsEye-Kartenbilder. Diese werden durch dieses Symbol gekennzeichnet.

 Klicken Sie mit der linken Maustaste doppelt auf eine Zeile mit diesem Symbol, so dass das Kartenbild im Kartenfenster zentriert dargestellt wird. Gleichzeitig öffnet sich das Eigenschaftsfenster dieses Kartenbildes, um welches wir uns jetzt nicht kümmern wollen und daher sofort wieder schließen können. Es kann nun also ein Satellitenbild von Paris oder wie in meinem Fall ein Kartenbild der KOMPASS-Karten GmbH sein. Haben Sie nun z.B. des Weiteren bereits eine Garmin Straßenkarte am Rechner oder im Gerät installiert, wird das Satellitenbild von diesen Straßen überlagert.

Erwerben Sie dann eines dieser Kartenprodukte käuflich, können Sie die Anzeigereihenfolge (welche Karte obenauf liegen soll) im Eigenschaftsfenster selbst bestimmen, falls Sie einen Grund dafür finden. Die voreingestellte Anzeigereihenfolge trägt den Wert „30". Würden Sie nun also den Anzeigewert „100" wählen, werden z.B. Straßen und Wege von dem BirdsEye-Kartenbild verdeckt. Würden Sie den Wert „1" wählen, würde wiederum das BirdsEye-Bild von anderen Karten verdeckt werden.

Das BaseCamp-Arbeitsfenster einrichten

Abbildung 1-9

Das Kartenfenster

Zum Erstellen einer Tour ist die 2D-Ansicht (3) am besten geeignet. Daher können wir uns die 3D-Ansicht (4) gleich einmal ausblenden.

Abbildung 1-10 2D-Kartenansicht als einziges anzeigen lassen

Klicken Sie mit der linken Maustaste in der Menüleiste auf „Ansicht", zeigen Sie dort mit dem Mauszeiger auf „Kartenansichten" und klicken Sie in der erscheinenden Auswahlliste auf „2D-Kartenansicht". Somit breitet sich Ihre zweidimensionale Kartenansicht über das gesamte Kartenfenster aus.

Die kleine Übersichtskarte (6) dient dazu, dass Sie besser sehen wo sich Ihre aktuelle Bildschirmanzeige befindet. Mit dem dunklen Viereck im Kartenfeld der Minikarte werden der Bildschirmausschnitt und dessen Ausrichtung dargestellt. Sie können auch im Fenster der Minikarte den Ausschnitt der gesamten Bildschirmanzeige verschieben. Die Minikarte selbst ist immer mit Norden nach oben ausgerichtet.

Stört Sie die kleine Übersichtskarte, führen Sie den gerade beschriebenen Schritt (Ansicht > Kartenansichten) nochmals aus und klicken allerdings in der letzten Auswahlliste auf „Übersichtskarte".

Dann verschwindet diese, kann aber genauso wieder aktiviert werden. Möchten Sie die Übersichtskarte behalten, jedoch nur an eine andere Stelle schieben, so fassen Sie die Minikarte an der oberen blauen Fensterkante an und schieben diese einfach dorthin, wo sie am wenigsten stört.

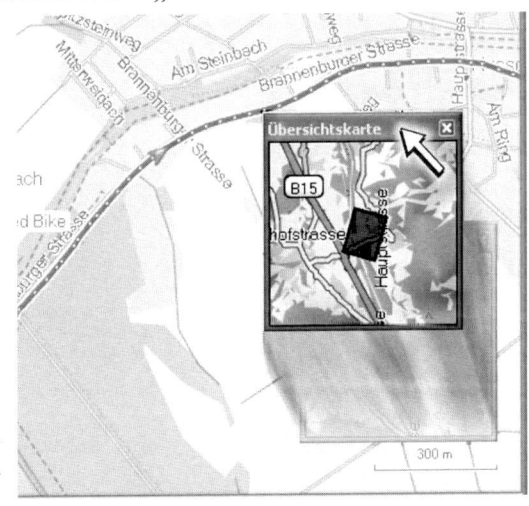

Abbildung 1-11
Übersichtskarte verschieben

Führen Sie hingegen den Mauszeiger auf die linke, rechte oder untere Kante der kleinen Übersichtskarte, so können Sie das Minikartenfenster genauso wie alle anderen Fenster und Spalten in Ihrer Länge oder Breite verändern.

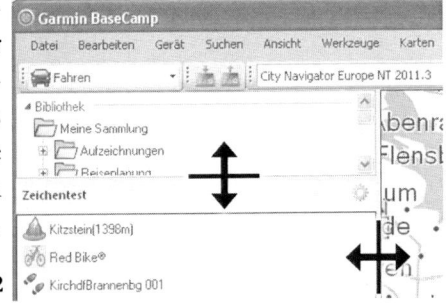

Abbildung 1-12
Fenster- oder Spaltengrößen ändern

Nun zur Karte selbst: Standartgemäß ist die Schrift von Namen, Höhenlinien und sonstigen Merkmalen in der Karte sehr klein vorein-gestellt.

Abbildung 1-13 Schrift der Kartenmerkmale vergrößern

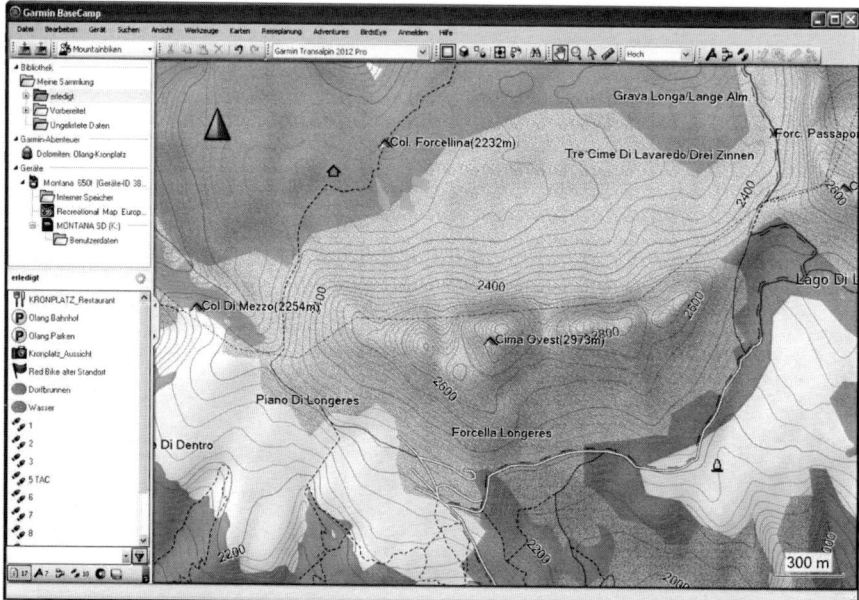

Aber auch dies lässt sich ändern. Klicken Sie in der Menüleiste auf „Bearbeiten" und wählen Sie aus der Aufklappliste „Optionen".

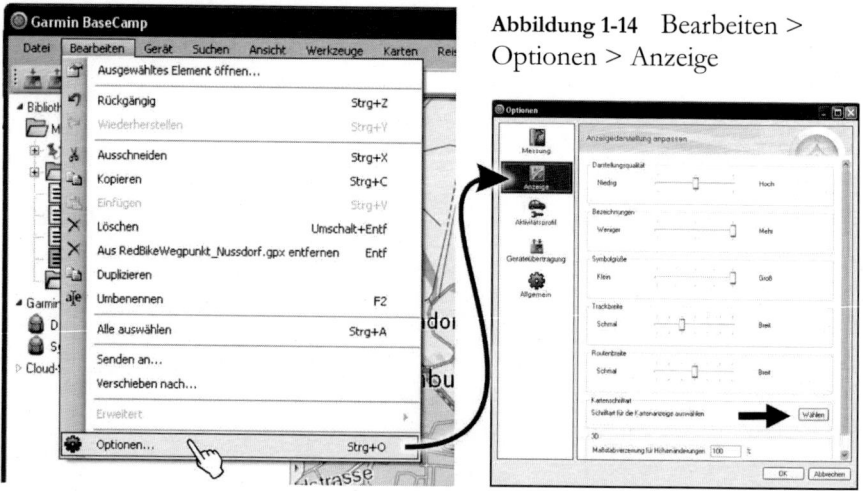

Abbildung 1-14 Bearbeiten > Optionen > Anzeige

Es öffnet sich das Fenster, in dem Sie sämtliche Grundeinstellungen zum Programm vornehmen können. Klicken Sie mit der linken Maustaste auf das Feld „Anzeige" in der linken Spalte des Dialog-fensters.

Hier haben Sie die Möglichkeit durch das Bewegen des Schiebereglers folgenden Dinge festzulegen:

- die <u>Darstellungsqualität</u> Ihrer Karte,

- wie viele Namen in der Karte erscheinen sollen, bevor die Fülle der <u>Bezeichnungen</u> die Topografie verdeckt,

- die <u>Größe der Symbole</u> für Gipfel, Hütten etc.,

- die <u>Linienbreite</u> von Tracks und Routen,

- die Karten<u>schriftart</u> und

- die Maßstabsverzerrung der 3D-Darstellung, wie hoch also die Berge dargestellt werden sollen.

Klicken Sie mit der linken Maustaste in der Zeile „<u>Kartenschriftart</u>" auf den „Wählen"-Button. Im erscheinenden Fenster können Sie dann die Schrift und Größe ganz nach Ihren Wünschen auswählen und mit „OK" bestätigen.

Sehen Sie sich im Dialogfenster „Optionen" alle weiteren Ein-träge der linken Spalte an und öffnen Sie diese mit einem linken Mausklick. So fällt Ihnen vielleicht selbst noch auf, was in Ihrem Programm noch nicht so ist wie Sie es gern hätten.

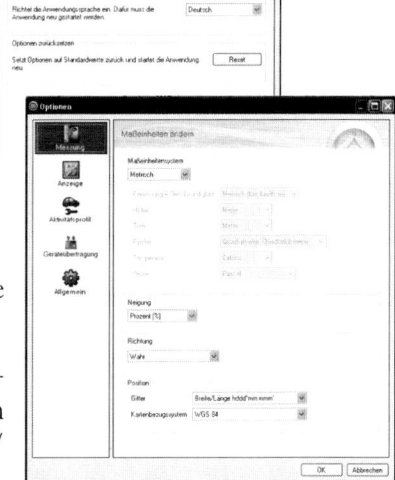

Im Bereich „Allgemein" finden Sie die <u>Sprache</u>.

Die Einstellungen im Bereich „Aktivi-tätsprofile" sehen wir uns später im Zusammenhang mit dem Erstellen/ Zeichnen einer Tour an.

Abbildung 1-15 BaseCamp Einstellungs-Optionen

Im Bereich „Geräteübertragung" können Sie Ihre eigenen Regeln festlegen, welche beim Übertragen von Routen zum GPS-Gerät beachtet werden sollen. Normalerweise müssen Sie hier erst einmal nichts ändern. Wenn Sie allerdings noch ein recht altes GPS-Gerät verwenden (etwa Modelljahr 2010 und älter), welches nur Tracks mit maximal 500 Trackpunkten verarbeiten kann, oder die Trackpunktezahl eines Tracks generell verringern möchten, so markieren Sie hier das Häkchen bei „Durch das Entfernen von Zwischenzielen einfachere Tracks erstellen" und tippen Ihre gewünschte Trackpunktezahl von Hand ein.

Weiterhin finden Sie in den BaseCamp Einstellungsoptionen im Bereich „Messung" die Möglichkeit das Programm auf metrische Angaben umzustellen oder durch die Auswahl „Benutzerdefiniert" an Ihre speziellen Wünsche anzupassen, können für die Neigung des Höhenprofils die Grad- oder Prozentangabe auswählen und die Nordreferenz sowie das Positionsformat ändern. GPS-Karten arbeiten immer mit dem Kartenbezugssystem „WGS 84".

Das im World Wide Web beliebteste „Gitter"-format ist „Breite/Länge hddd°mm.mmm` ". Das für den Notfall wichtigste Format wäre jedoch das „UTM"-Format, mit dem die Meterangabe aus der letzten Koordinatenstelle abgelesen werden kann. Die Nordreferenz für GPS-Systeme ist im Normalfall immer „wahr" oder „rechtsweisend", wie es bei manchen Geräteeinstellungen auch heißt.
Alle anderen Kartenbezugssysteme sind nur in ganz speziellen Fällen auszuwählen, wenn Sie z.B. BaseCamp auf eine Papierkarte abstimmen möchten, um aus dieser Karte einen Punkt in Ihre elektronische Karte am PC zu übertragen. Dann entnehmen Sie das zu verwendende Bezugssystem aus der Legende der Papierkarte.

Steuerelemente der Karte

Für die Einstellung der <u>Steuerelemente</u> der Karte wählen Sie in der Menüleiste > Ansicht > Steuerelemente der Karte > „Automatisch". So verschwinden die Steuerelemente bei Nichtgebrauch und zeigen nur einen blauen Nordpfeil im linken, oberen Karteneck.

2D-Karte: Führen Sie den Mauszeiger in die linke obere Ecke der Kartenansicht, so verwandelt sich der blaue Nordpfeil in ein senkrecht angeordnetes Steuerelement mit einem Schieberegler zum Verkleinern und Vergrößern der Kartenansicht sowie einem runden Steuerelement zum Drehen der <u>Kartenausrichtung</u>. Durch Klicken auf den jeweiligen Richtungsbuchstaben dreht sich die Karte genau um 90°, 180° oder 270°. Fassen Sie den äußeren Ring an und ziehen in eine Richtung, so dreht sich die Karte mit Ihrer Mausbewegung mit. Ein Doppelklick der linken Maustaste auf den jeweiligen Richtungsbuchstaben lässt diese Ausrichtung der Karte nach oben zeigen.

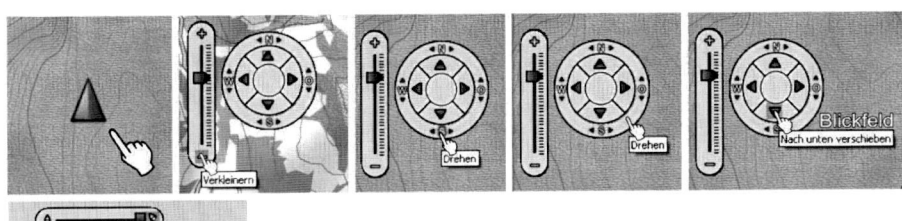

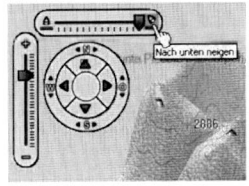

Abbildung 1-16 Steuerelemente der Karte,
oben: in der 2D-Karte,
links: nur in der 3D-Ansicht verfügbar

In der 3D-Ansicht kommt noch ein waagerecht angeordnetes Steuerelement hinzu, mit dem Sie die Neigung der Karte beeinflussen. Je weiter rechts der Schieberegler ist, desto beeindruckender ist die 3D-Sicht.

→ Haben Sie das Werkzeug 🖑 „Verschieben" aktiviert und führen Ihren Mauszeiger (die Hand) in das Kartenfenster, können Sie mit gehaltener, rechter Maustaste die Karte ebenfalls in alle Himmelsrichtungen <u>drehen</u>. Das <u>Verkleinern/Vergrößern</u> der Kartenansicht können Sie – egal welches Werkzeug gerade aktiv ist – mit dem Scrollrad Ihrer Maus jederzeit im Kartenfenster bewerkstelligen. ←

Symbolleisten anordnen

Sehen wir uns zunächst an, ob uns BaseCamp in der Symbolleiste alle Werkzeuge anzeigt, die wir zum Arbeiten benötigen.

Die Zeile der Symbolleiste besteht aus mehreren Teilen, die einzeln an- oder ausgeblendet werden können. Entscheiden Sie selbst, welche Werkzeuge für Sie interessant werden könnten.

Abbildung 1-17 Symbolleiste

Hier die Namen der Symbolleisten im Einzelnen:

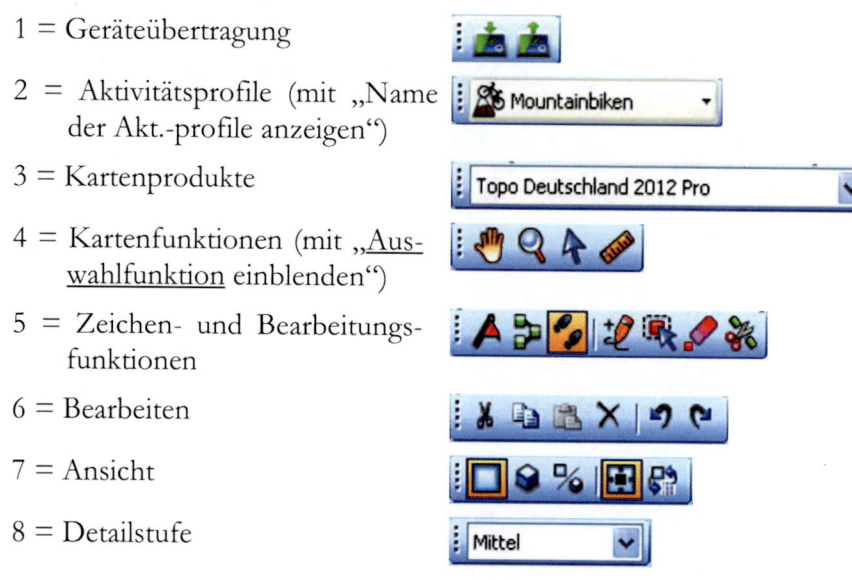

1 = Geräteübertragung

2 = Aktivitätsprofile (mit „Name der Akt.-profile anzeigen")

3 = Kartenprodukte

4 = Kartenfunktionen (mit „Auswahlfunktion einblenden")

5 = Zeichen- und Bearbeitungsfunktionen

6 = Bearbeiten

7 = Ansicht

8 = Detailstufe

Die einzelnen Teile der Symbolleisten aktivieren oder deaktivieren Sie über die Menüleiste: Ansicht > Symbolleisten und klicken auf den gewünschten Listeneintrag. Ein Häkchen vor dem Wort bedeutet, dass diese Symbolleiste bereits angezeigt wird. Ein erneuter linker Mausklick auf den Eintrag entfernt das Häkchen, wodurch diese Symbolleiste

nicht
mehr
sichtbar
ist.

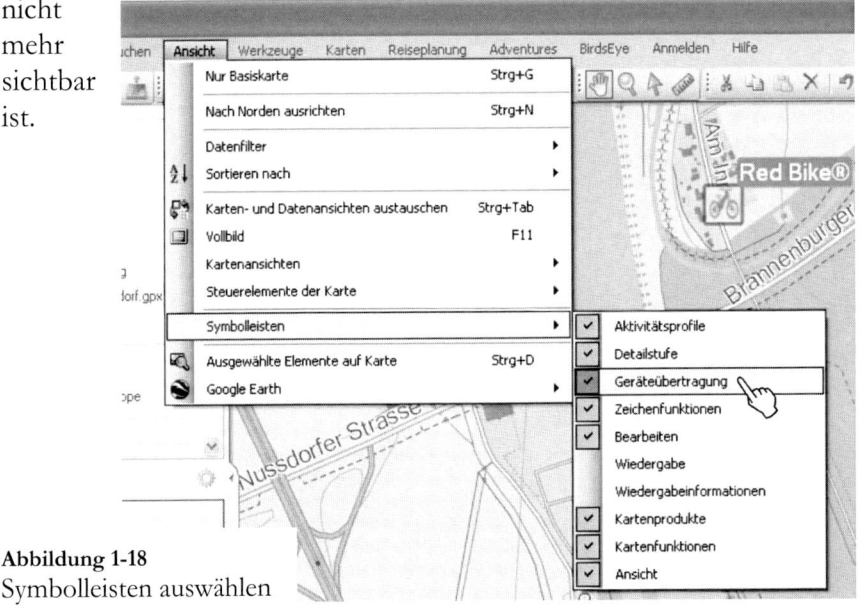

Abbildung 1-18
Symbolleisten auswählen

Alle Teile der Symbolleiste können
Sie in der Horizontalen verschieben und in Ihrer Reihenfolge ganz
nach Ihren Wünschen in einer oder mehreren Zeilen anordnen. Zeigen
Sie dazu mit dem Mauszeiger auf den linken Anfang des Symbolleisten-
Teiles, so dass dieses Pfeilkreuz sichtbar wird. Dann klicken Sie die
linke Maustaste und ziehen das Symbolleisten-Teilstück mit gehaltener
Maustaste an die Stelle des Leistenbereiches, wo Sie es haben möchten.
Erst dort lassen Sie die linke Maustaste wieder los.

Die Button der Symbolleiste „Geräteübertragung" (1) benötigen Sie,
wenn Sie alle Daten vom GPS-Gerät in den Bibliotheken-Ordner der
BaseCamp-Software kopieren möchten oder alle GPS-Elemente aus
einem Bibliotheken-Ordner an das GPS-Gerät senden möchten.

Die Symbolleiste „Aktivitätsprofil" (2) benötigen Sie zu Beginn einer
jeden Tourenplanung. In dem Fall öffnen Sie mit einem linken
Mausklick die Aufklappliste und wählen mit einem weiteren linken
Mausklick Ihre beabsichtigte Fortbewegung, z.B. „Wandern". Daraufhin werden in den topografischen Garmin Kartenprodukten seit der

„Topo Deutschland 2012 Pro" oder „Garmin TransAlpin 2012 Pro" beliebte Wanderwege mit einer roten Markierung hervorgehoben. Schalten Sie hingegen auf „Mountainbiken", so erhalten fahrbare und fahrtechnisch schwierige Wege als unterschiedliche, lilafarbene Linienmarkierungen.

Sobald Sie mit dem ▷„Neue Route"-Zeichenwerkzeug beginnen eine Tour zu erstellen, kann die Software anhand dieser Aktivitätseinstellung einen realistischen Weg auswählen, der Ihren Wünschen wohl schon sehr nahe kommt.

Die Symbolleiste „Kartenprodukte" (3) benötigen Sie, sobald Sie mehrere Karten besitzen (z.B. eine topografische Karte mit Waldwegen etc. und eine Straßenkarte, die nur asphaltierte Wege beinhaltet). Denn mit Hilfe dieser Leiste wechseln Sie zu der Karte, in der Sie momentan arbeiten möchten.

Mit den Werkzeugen der Symbolleiste „Kartenfunktionen" (4) arbeiten Sie ständig, da es die Grundwerkzeuge enthält, mit denen Sie die Karte am Bildschirm verschieben, verkleinern oder vergrößern, etwas anvisieren oder auf die Schnelle Entfernungen messen können. Wenn Sie möchten, können Sie auch das zusätzliche Werkzeug „Auswahlfunktion einblenden" wählen. Mit diesem ↑ Pfeil können Sie evtl. genauer auf beliebige Punkte in der Karte zeigen, um die dazugehörigen Informationen angezeigt zu bekommen.

Auch die Werkzeuge der zwei Symbolleistenteile „Zeichenfunktionen" und „Bearbeitungsfunktionen" (5) werden uns sehr interessieren. Hier wählen Sie das entsprechende Werkzeug an, wenn Sie einen Wegpunkt, eine Route oder einen Track zeichnen, Punkte hinzufügen, verschieben, entfernen oder ganze Teilstücke herausschneiden wollen.

Die „Bearbeiten"-Symbolleiste (6) enthält die typischen Arbeitsbefehle wie jedes andere Programm auch. Hier sollten Sie sich besonders den ↺ „Zurück"-Pfeil merken, mit dem Sie einen Arbeitsschritt schnell und unkompliziert rückgängig machen können.

Über die Symbolleiste „Ansicht" (7) können Sie Ihre Kartenansichten genauso wechseln wie wir das zu Beginn bereits schon über die Menüleiste > Ansicht > Kartenansichten durchgeführt haben.

Die Symbolleiste „Detailstufe" (8) benötigt man um die Übersichtlichkeit und Bildaufbaugeschwindigkeit der Karte zu beeinflussen. Mit „Mittel" hat man einen sehr guten Überblick, ohne dass zu viele Kartenmerkmale die Straßenführung verdecken. Je höher die Detailstufe, desto langsamer ist aber auch der Bildaufbau. Sind Ihnen beim Erstellen einer Tour alle Einzelheiten wichtig, so sollten Sie die Einstellung „Am höchsten" ausprobieren. Dann werden z.B. in der 300m - Darstellung einer Topo-Karte Almen, Einkehrmöglichkeiten und wesentlich mehr Höhenlinien angezeigt, als bei der Detailstufe „Mittel".

Die Symbolleisten-Teile „Wiedergabe" und „Wiedergabefunktionen" benötigen Sie nur dann, wenn Sie eine fertige Tour in BaseCamp liegen haben und auf dieser automatisch entlang"-fliegen" möchten. Mit dieser können Sie z.B. die Animationsgeschwindigkeit regeln.

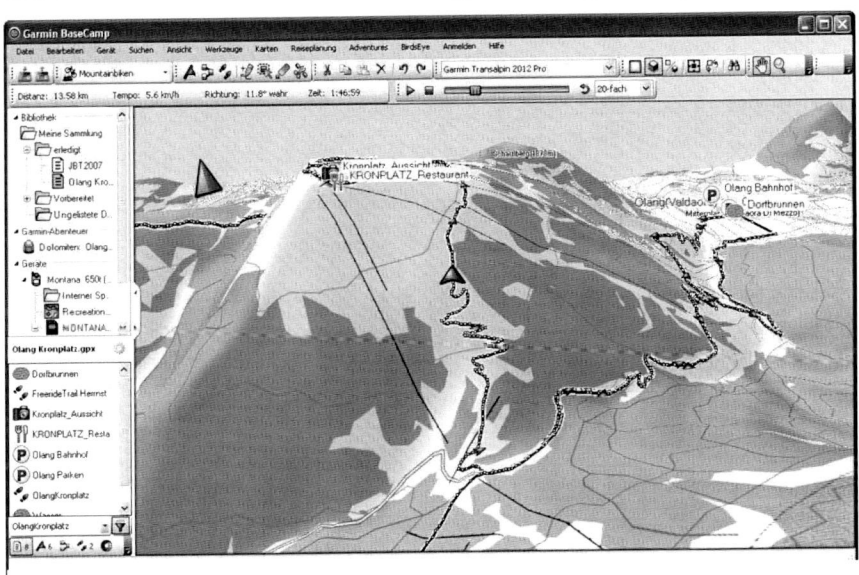

Abbildung 1-19 Symbolleiste "Wiedergabe" und "Wiedergabeinformationen"

Mit dem Symbolleisten-Teil „Aufgabenportal" können Sie jederzeit den Assistenten öffnen, der Ihnen bei einigen Spezialfunktionen von BaseCamp hilft. So lassen sich z.B. Fotos von einer herkömmlichen Kamera mit den Koordinaten der Kartenmitte koppeln.

Bibliothek, Listen, Listenordner und Gerätespeicher

Sehen wir uns nun die Spalte links neben der Karte an.

Im oberen Teil befindet sich die Bibliothek (7), dessen Speicherort die PC-Festplatte ist. Klickt man also mit der linken Maustaste auf den darin liegenden „Meine Sammlung"-Ordner, so arbeitet man auf der Festplatte des PCs, der vor Ihnen steht.

Abbildung 1-20

Klickt man hingegen auf den Ordner 8 oder 9 der Unterteilung „Geräte" und beginnt dann etwas in der Karte zu zeichnen, so befindet man sich direkt im Speicher dieses externen Gerätes. Man bräuchte dann also das erstellte Objekt gar nicht mehr zum Gerät senden, denn genau dort haben wir bereits gezeichnet. (Bei Trainingsgeräten, zB. Edge-Serie, ist das direkte Arbeiten im Gerätespeicher nicht möglich.)

Zurück im oberen Bibliotheken-Ordner „Meine Sammlung" kann man unendlich viele Listenordner und Listen anlegen, um eine perfekte Übersicht aller erstellten Elemente zu bewahren. Man tut gut daran, wenn man sich alles was zu einer Tour gehört in eine Liste legt: die Strecke, Wasserstellen, tolle Aussichtspunkte... Diese Liste kann man dann abspeichern und hat alle GPS-Objekte die zu der Tour gehören in einer Datei. Bei einer großen Ansammlung solcher Listen wird es schnell unübersichtlich. Dann kann man sich Listenordner anlegen, in die man dann mehrere Listen legen kann, die z.B. dasselbe Thema haben. Wie eben ein Listenordner für die vorbereiteten Touren und einer für die abgefahrenen Touren. Natürlich kann es sich auch anbieten, Listenordner nach Regionen anzulegen. All solche Ordner, Unterordner (Listen) kann man nur in der Bibliothek, also im Arbeitsspeicher der PC Festplatte anlegen.

Im Gerätespeicher kann man keine Ordner oder Listen anlegen. Die dort sichtbare Ordnerstruktur ist bereits festgelegt und muss auch so beibehalten werden.

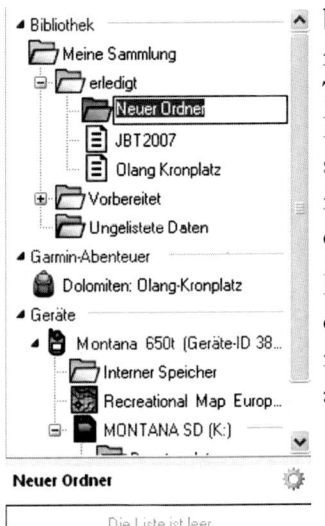

Abbildung 1-21
Meine Sammlung =
der Arbeitsordner
der PC-Festplatte

Sobald man mit der linken Maustaste auf den obersten Ordner unter der Gerätekennung klickt („Interner Speicher"), werden im unteren Teil (10) alle GPS-Objekte angezeigt, die in diesem Gerätespeicher liegen.

Hat man im Gerät eine microSD-Karte liegen, so wird diese unter dem Gerät angezeigt, im Bildbeispiel „MONTANA SD", und man muss auch da auf dessen obersten Ordner klicken, um die dort liegenden GPS-Objekte zu sehen (in dem Fall auf „Benutzerdaten"). Dort können nur dann GPS-Objekte liegen, wenn man sie mittels BaseCamp selbst dort hingelegt hat oder ein GPS-Gerät besitzt, in dessen Track-Einstellungen man festlegen kann, dass alle Aufzeichnungen auf der microSD-Karte abgelegt werden sollen.

Abbildung 1-22 Interner Speicher = Arbeitsordner des Gerätespeichers

Egal auf welchen Ordner oder Arbeitsplatz Sie im oberen Teil der linken Spalte klicken, so werden im unteren Teil - in der Objektliste - die an diesem Speicherort vorhandenen GPS-Objekte angezeigt.

Da dies auch eine elend lange Liste sein kann, bietet der Trichter-Button im unteren rechten Eck der Objektliste die Möglichkeit, sich nur bestimmte Elemente anzeigen zu lassen. Klicken Sie mit der linken Maustaste auf das Trichter-Symbol, so erscheint ganz unten folgende Zeile. Durch nochmaliges An-klicken lässt sich diese Zeile ebenso wieder ausblenden. Neben den Symbolen sind kleine Zahlen zu erkennen. Sie zeigen an, wie viele der jeweiligen Elemente sich in der angewählten Liste bzw. Ordner befinden.

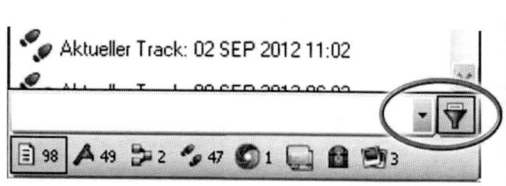

Abbildung 1-23 Datenfilter einblenden

Das erste Symbol zeigt alle Daten, die in der Objektliste liegen. Es sind also 98 Elemente. Das daneben angeordnete Fähnchen-Symbol, welches für die Wegpunkte steht, zeigt eine kleine 49. Würde man nun also mit der linken Maustaste auf den Fähnchen-Button klicken, so würde die Objektliste nur die 49 Wegpunkte anzeigen.

Das 3. Symbol von links zeigt, dass 2 Routen in der Liste liegen. Ein linker Mausklick auf das 4. Symbol von links filtert alle 47 Tracks aus der gesamten Liste heraus. Das 5.Symbol zeigt, dass sich 1 BirdsEye-Kartenbild in der Objektliste befindet.

Ein Mausklick auf das 3.-letzte Symbol würde nur alle selbsterzeugten Custom-Maps zeigen. Wie Sie sich eigene Karten für Ihr GPS-Gerät „basteln" können, erfahren Sie in unserer zusätzlichen Anleitungs-PDF, herunterzuladen unter folgendem Link:

http://www.red-bike.de/Zugabe/RB_PraxBuch_CustomMaps.pdf

Das vorletzte Schatztruhen-Symbol durchsucht die Objektliste nach vorhandenen Geocaches und das letzte Symbol zeigt die koordinatenbezogenen Fotos, die sich in dieser Liste befinden.

→   Wenn Sie mit Ihrem Gerät also schon einige Zeit unterwegs waren und etliche Dinge aufgezeichnet und fotografiert haben, so können Sie sich in BaseCamp schnell nur das anzeigen lassen, was gerade von Interesse ist. ←

Sehen wir uns eine weitere Möglichkeit an, um schnell ein bestimmtes Objekt in einer langen Objektliste zu finden.
Nachdem wir auf den Fähnchen-Button am unteren Spaltenrand geklickt haben, finden wir die 49 Wegpunkte in Ihrer alphabetischen Reihenfolge vor. Da ich mir unterwegs am GPS-Gerät jedoch schon die Mühe gemacht hatte, alle Gipfel mit einem Gipfel-Symbol zu kennzeichnen, kann ich mir nun die Wegpunktliste auch nach Symbolen sortiert anzeigen lassen.

Klicken Sie dazu mit der linken Maustaste zuerst eine(n) Liste bzw. Ordner in der Bibliothek oder im Gerätespeicher an, so dass die Objektliste dessen Inhalt anzeigt. Klicken Sie dann mit der linken Maustaste auf das Zahnradsymbol rechts über der Objektliste und zeigen Sie mit

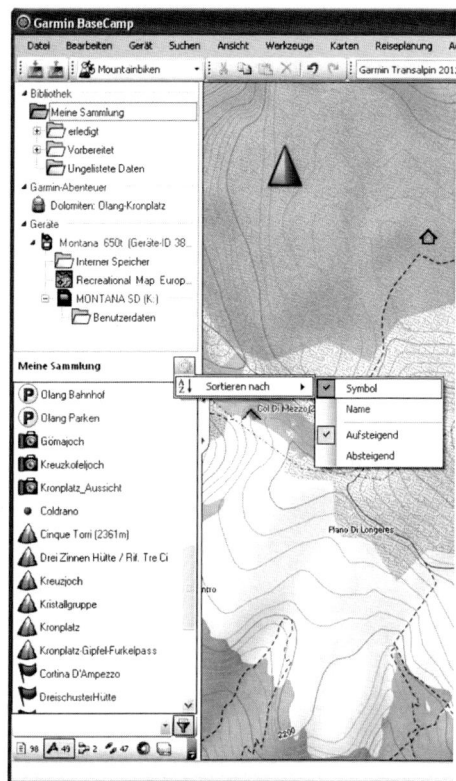

Abbildung 1-24
Objektliste sortieren

dem Mauszeiger auf „Sortieren nach". Es öffnet sich eine Aufklappliste, aus der Sie Ihre gewünschte Sortierung (ob nach Name oder nach Symbol) wählen können.

Bevor wir nun jedoch endlich zum Touren zeichnen übergehen können, müssen wir noch ein paar grundlegende Dinge klären. Denn mit den Garmin GPS-Geräten kann man sich auf 2 verschiedene Arten navigieren lassen. Genauso wie man in BaseCamp auch auf zwei verschiedene Arten Touren zeichnen kann. Nämlich als:

Routen und Tracks

➩ Die Route (auch Autorouting genannt):
Hierbei entscheidet das GPS-Gerät oder die BaseCamp-Software auf Grund der getroffenen Fortbewegungseinstellungen wo es langgeht. Das GPS-Gerät meldet sich vor jeder Abbiegung mit einem Piepston und detailliertem Abbiegehinweis. Also das Gleiche wie man es vom Auto-Navi kennt.

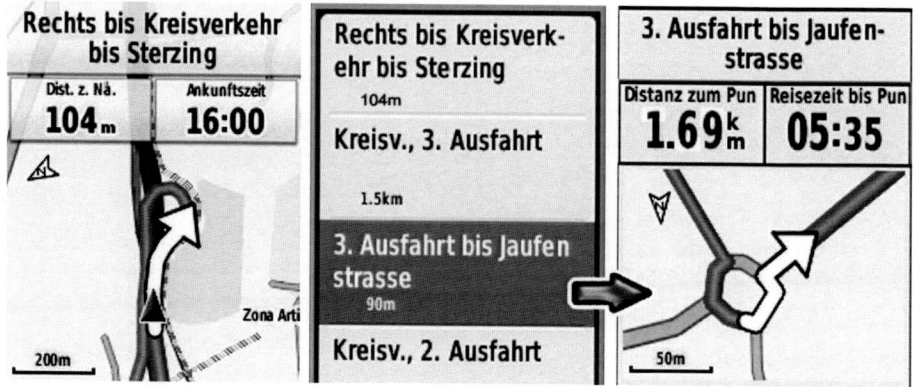

Abbildung 1-25
Route: das GPS-Gerät errechnet den Weg zum Ziel und zeigt Abbiegehinweise

Diese Art der Navigation anhand einer Route wählt man, wenn das Ziel wichtig, der Weg dorthin zweitrangig oder sogar ganz egal ist. Eine Route dient dazu, um unterwegs und ganz spontan ein Ziel im GPS-Gerät aufzurufen und den Weg dorthin vom Gerät automatisch errechnen zu lassen.

In der BaseCamp-Software am PC kann man die Routen-Funktion aber auch dazu nutzen, um sich bei der Tourenplanung eine Menge Zeit zu sparen. Per Mausklick lassen sich beim Zeichnen einer Route Start- und

Endpunkt sowie diverse <u>Zwischenziele</u> einfügen. Letzteres sind die Punkte, die auf dem Weg zum Ziel passiert werden sollen, weil man nicht den direkten Weg zwischen Start- und Endpunkt wünscht.

Zum zweiten gibt den 👣 <u>Track</u>:
Ein Track ist die Linie, die ein GPS-Gerät durch die Fortbewegung automatisch Punkt für Punkt aufgezeichnet hat. Solch ein aufgezeichneter Track lässt sich aber auch als Orientierungslinie zum wiederholten Abfahren oder Ablaufen verwenden.

Abbildung 1-26
Der Track:
Die vorgeplante
Tour ist im
Gerät **nicht**
veränderbar

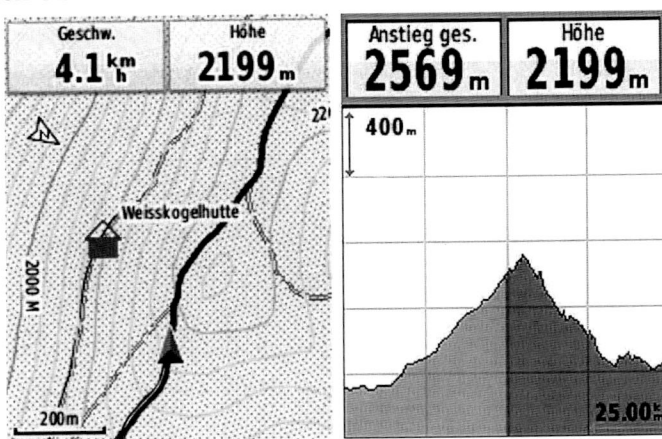

Normale Kartenansicht während der Bewegung

Höhenprofilansicht mit dem bereits aufgezeichneten (linker Teil) und dem noch bevorstehenden Höhenprofil (rechter Teil).

Es sind also diese sagenumwobenen „Brotkrümelspuren", die man durch das Fallenlassen einzelner Brotkrümel als Wegmarkierung erzeugt hätte. Diese Brotkrümel stellen Punkte dar – <u>Trackpunkte</u> - , welche automatisch miteinander verbunden werden und die Linie der Fortbewegung ergeben. Also die Tracklinie, kurz: der Track. Ein Track einer 80km MTB-Tour beispielsweise besteht aus etwa 3.000 Trackpunkten (bei „normaler" Einstellung der Aufzeichnung).
Diese haben nichts mit Wegpunkten zu tun!!!
Tracks sind aber nicht nur Aufzeichnungen von GPS-Geräten, sondern können auch am PC in einer GPS-Software wie BaseCamp gezeichnet

werden. In dem Fall sind es die Mausklicks, die diese Trackpunkte beim Zeichnen der Tracklinie erzeugen. Trackpunkten kann man keine Zusatzinformationen anhängen, wie z.B. Fotos, Hinweise, Symbole etc. Das funktioniert nur bei Wegpunkten.

Möchte man einen Track zur Navigation nutzen, muss man diesen vor Reiseantritt in das Gerät laden. Man kann einen Track also nicht bei Tourstart im GPS-Gerät erzeugen, um zu einem bestimmten Ziel zu finden.

Ein Track eignet sich besonders dann zur Navigation, wenn man eben selbst genaue Vorstellungen hat, welche Wege benutzt werden sollen, wobei also der Weg das Ziel ist (z.B. Transalp).

Routen und Tracks sind also zwei total unterschiedliche Arten der Navigation. In der BaseCamp-Kartensoftware kann man diese Beiden durch die verschiedenen vorangestellten Symbole vor dem Namen gut auseinander halten.

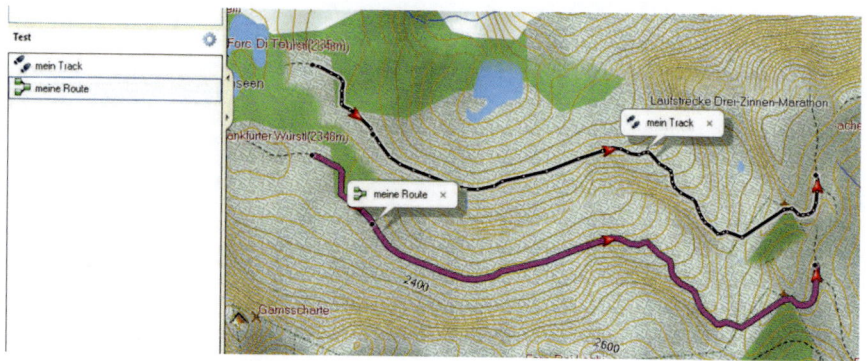

Abbildung 1-27 Grafischer Unterschied Route und Track

Die Linienstärke von Tracks oder Routen lässt sich über die Menüleiste: Bearbeiten > Optionen, unter dem Eintrag „Anzeige" durch die Schieberegler bei „Trackbreite" und „Routenbreite" verändern.

Wegpunkte und POIs

A Wegpunkte sind besondere Punkte, die man sich unterwegs an der aktuellen Position im GPS-Gerät abspeichert, weil man an dieser Stelle z.B. einen sehr schönen Ausblick entdeckt hatte. Es sind eben einfach besondere Punkte, die man sich zusätzlich merken möchte.

Auch in der BaseCamp-Software am PC kann man sich Wegpunkte erstellen und an das Gerät senden. Das hat den Vorteil, dass man diesen Wegpunkt im GPS-Gerät schnellstmöglich aufrufen und die automatische Navigation – das Routing – zu diesem Punkt starten kann. Man erspart sich das auf alle Fälle länger dauernde Suchen in den Zieleingabeoptionen oder gar die buchstäbliche Eingabe einer Adresse. Wegpunkten kann man des Weiteren am PC umfangreiche Informationen anhängen, wie z.B. eine kurze Beschreibung, Weblinks, Fotos… etc.

In den elektronischen Garmin-Karten sind schon einige solcher interessanten Wegpunkte enthalten. Man verwendet für solche Punkte die Abkürzung „POIs" (Points of Interest).

POIs können aber auch als POI-Sammlung z.B. von www.garmin.de > Karten & Extras > „Kostenlose POIs" oder diversen Portalen wie https://poi.gps-data-team.com und www.pointoo.de kostenlos herunter geladen werden.

In den Garmin GPS-Geräten sind POIs in der Kategorie „Zieleingabe" zu finden. Unterteilt nach Themengruppen kann schnell der gewünschte Punkt gefunden werden.

Abbildung 1-28
POI-Kategorien im GPS-Gerät,
Modell „eTrex":

Um einen POI in der Garmin-Karte am PC aufzuspüren, sehen wir uns nun

Die Such-Funktion in BaseCamp

näher an. Klicken Sie dazu auf den $\mathcal{P}$ Lupe-Button im oberen, rechten Fenster-Eck des BaseCamp Arbeitsfensters. Hierzu brauchen Sie noch keinerlei Suchbegriff in das Eingabefeld zu tippen.

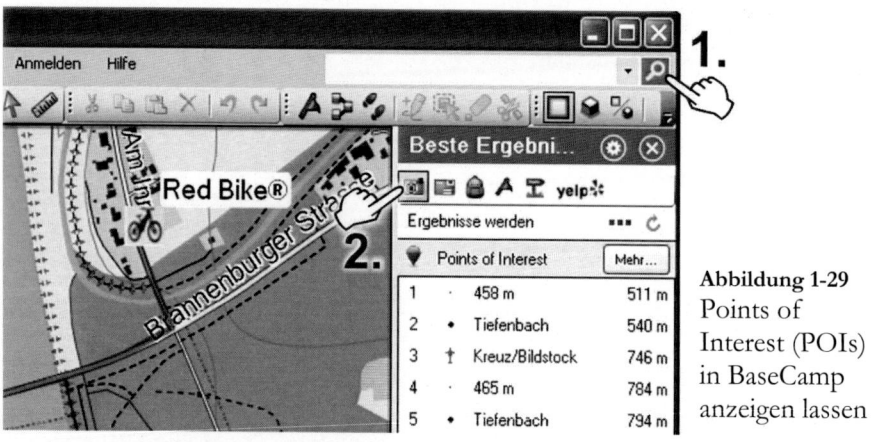

Es öffnet sich die Spalte „Beste Ergebnisse", die am oberen Rand die hier abgebildeten Symbole zeigt. Mit denen legen Sie fest, nach welchen Objekten gesucht werden soll. Wenn Sie den Mauszeiger über ein Symbol führen, zeigt es Ihnen welche Suche Sie damit veranlassen. Ein Mausklick auf das Symbol aktiviert oder deaktiviert diese Suchkategorie. Das aktivierte Symbol bleibt umrandet dargestellt. Ein deaktiviertes Symbol zeigt keine Umrandung.

Um nun **nach POIs zu suchen**, aktivieren Sie den Button mit dem Fotoapparat, so dass dieser umrandet dargestellt wird. Dieser veranlasst sofort die Suche nach allen interessanten Punkten in der Umgebung, ausgehend vom Mittelpunkt des aktuellen Kartenausschnittes.

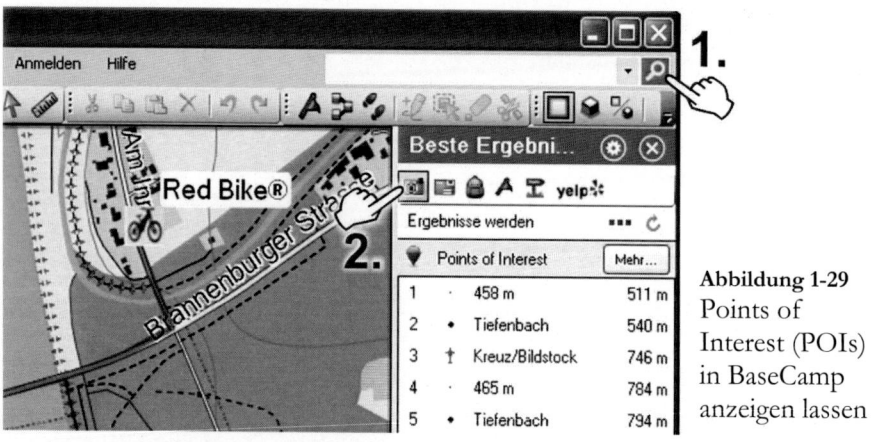

Abbildung 1-29 Points of Interest (POIs) in BaseCamp anzeigen lassen

Suchen Sie nach einem bestimmten Punkt, dessen Namen Sie kennen, können Sie den Suchbegriff in das Eingabefeld, oben links neben dem Lupe-Button, eintippen und die Suche mit $\mathcal{P}$ starten.

Die „Beste Ergebnisse"-Spalte zeigt immer erst einmal nur das, was sich in der näheren Umgebung des gewählten Kartenausschnittes befindet. Haben Sie z.B. gerade den süddeutschen Raum im Visier (also im Kartenfenster), suchen nun aber nach dem Ort „Sellin" an der Ostseeküste, können Sie zwar „Sellin" in das „Suchen"-Eingabefeld schreiben, jedoch wird es bei Verwendung der Topo Deutschland-Karte unter den „besten Ergebnissen" nicht auftauchen.

Sobald Sie allerdings im Spaltenkopf (hinter „Points of Interest") auf „Mehr" klicken, werden Sie fündig und können durch einen Doppelklick der linken Maustaste auf den Eintrag diesen Ort sofort im Kartenfenster zentriert darstellen lassen.

⚙ Kennen Sie Ihren gesuchten Punkt jedoch nicht beim Namen und möchten sich hingegen alle interessanten Punkte einer bestimmten POI-Kategorie in der Karte anzeigen lassen, so öffnen Sie die erweiterten Suchoptionen. Diese erreichen Sie, wenn Sie im Spaltenkopf der „Beste Ergebnisse"-Spalte auf das Zahnrad-Symbol klicken.

Es öffnet sich die im Bild dargestellte Auswahlmaske. Setzen Sie hier einen linken Mausklick auf „Points of Interest". Daraufhin erscheinen im unteren Teil weitere Auswahloptionen. Hier können Sie nun aus den vorgegebenen Kategorien und Unterkategorien die von Ihnen Gewünschte auswählen. (Entfernen Sie dazu den ebentuell noch vorhandenen Eintrag im Suchen-Feld).Die Suche starten Sie dann durch Anklicken des „Suchen"-Buttons.

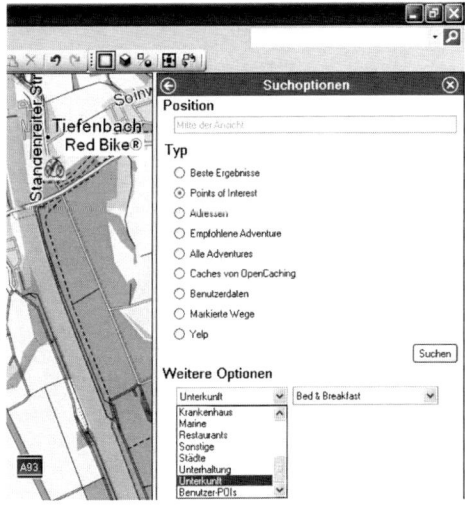

Abbildung 1-30
POIs einer bestimmten Kategorie anzeigen lassen

Die Adress-Suche

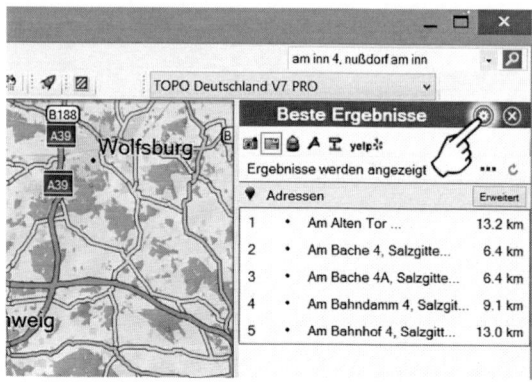

funktioniert leider noch nicht so einfach wie man es heutzutage von den Suchmaschinen im Internet gewöhnt ist.

Hat man z.B. die TOPO Deutschland V7-Karte gewählt und arbeitet gerade im Kartenausschnitt des norddeutschen Raums

Abbildung 1-31 Beste Suchergebnisse

wird die Red Bike Adresse „Am Inn 4 in Nußdorf" nicht so ohne weiteres angezeigt. Sollte auch bei Ihnen die Adresssuche nicht zum gewünschten Erfolg führen, klicken Sie im Spaltenkopf von „Beste Ergebnisse" auf das ⊛ Zahnrad-Symbol und öffnen damit die erweiterten Suchoptionen.

In der erscheinenden Auswahlmaske setzen Sie nun das Häkchen bei „Adressen" und füllen mindestens die Eingabezeilen „Hausnummer" und „Straße" aus. Wenn man nicht zu schnell tippt bemerkt man sofort, dass sich unter der Eingabezeile eine Auswahlliste öffnet, die ruck zuck die vorhandenen Straßennamen auflistet, aus denen man dann den entsprechenden Eintrag auswählen sollte. Das ursprüngliche Suchen-Feld wird automatisch mit den eingegebenen Begriffen ausgefüllt. Durch Anklicken des „Suchen"-Buttons wird letztendlich die Suche gestartet und sollte zum Erfolg führen.

Abbildung 1-32
Erweiterte Suchoption: Adressen

Man sollte auch daran denken, dass die Adresssuche mit Hausnummern nur in bestimmten Karten möglich ist, z.B. Garmin CityNavigator und Garmin TOPO Deutschland ab Version 6.

Die regionale Suche

Wesentlich einfacher ist da die Suche, wenn man weiß in welcher Gegend man ein bestimmtes Merkmal vermutet. Dann wählen Sie nämlich das Hand- oder Zeigepfeil-Werkzeug aus der Symbolleiste über dem Kartenfenster und führen Ihren Mauszeiger in die Karte.

Abbildung 1-33
Suchbegriff im
Kartenfenster
eingeben

Klicken Sie dort einmal mit der linken Maustaste, so dass sich ein Eingabefeld öffnet. Tippen Sie dahinein Ihren Suchbegriff ein, worauf sofort die Suche beginnt.

Hier kann nun nach Straßennamen genauso wie nach Dienstleistern gesucht werden, da die Ergebnisse unter anderem auf die Einträge der Online-Datenbank der Sozial-Networking-Plattform „yelp" zugreift. Also würde es auch reichen, hier nur „Red Bike" einzutippen. Ich liebe diese integrierte Yelp-Suche, da man so z.B. wirklich ganz tolle Insider-Lokale aufspüren kann. Geben Sie dazu nur „Diner" oder „Restaurant" ein und Sie bekommen etliche Vorschläge in der anvisierten Umgebung mit Bewertung angezeigt. (Dazu muss Ihr PC Internetzugang haben.)

Aber auch die in BaseCamp erstellten eigenen Objekte (Wegpunkte, Tracks, Routen, Fotos etc.) werden automatisch mit in diese regionale Suche einbezogen, wenn sie in dem Ordner liegen, den man in der Bibliothek aktuell angewählt hat. Interessant ist vielleicht auch, dass man in das Feld gar nichts eintragen muss und trotzdem alles angezeigt bekommt, was sich rings um diesen Punkt befindet. Klicken Sie dazu mit der linken Maustaste in das Eingabefeld und drücken Sie ohne etwas einzutippen sofort die „Enter"-Taste.

Kapitel 2 – Touren zeichnen

Sie haben also Pinsel und Zeichenblatt gerade vor sich hingelegt? Sorry, ich meinte: Sie haben also Ihr BaseCamp-Arbeitsfenster aufgeräumt, alle Symbolleisten angeordnet und wissen, wo Sie etwas finden? So können wir nun gleich einmal wild drauf loszeichnen. Dazu benötigen wir zuerst die richtige Karte, falls Sie diese noch nicht ausgewählt haben.

Start einer jeden Zeichnung

1.   Öffnen Sie die <u>Kartenauswahl</u> in der Symbolleiste, indem Sie mit der linken Maustaste auf den im Bild markierten Aufklapppfeil klicken.

Abbildung 2-1 Karte auswählen

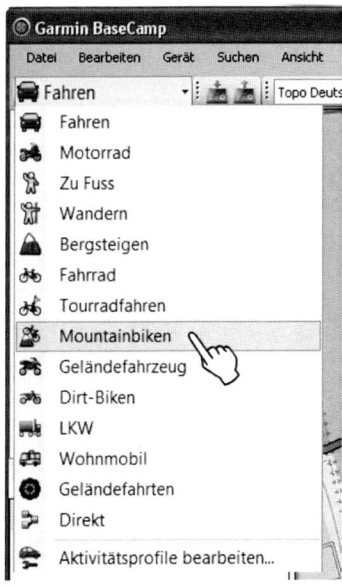

2.   Als Nächstes wählen wir natürlich auch gleich das richtige <u>Aktivitätsprofil</u> aus. Sie erinnern sich noch an die Aktivierung dieser Symbolleiste? Nur so kann BaseCamp beim Erstellen einer Route den sinnvollsten Weg für die beabsichtige Fortbewegung ermitteln. Aber nicht nur das, denn durch das Anwählen des Aktivitätsprofils für „Fahrrad" oder „zu Fuß" werden in den neuen topografischen Gamin-Karten eben auch die für diese Unternehmung

Abbildung 2-2 Aktivitätsprofil wählen

am besten geeigneten Wege andersfarbig hervorgehoben.

Abbildung 2-3 Aktivitätsprofil bearbeiten

Allerdings muss man auch sagen, dass man jedes der vielen vorangelegten Aktivitäten verändern kann und kontrollieren sollte. Öffnen Sie dazu gleich im nächsten Schritt den in der Aktivitäten-Liste ganz unten aufgeführten Eintrag „Aktivitätsprofile bearbeiten". Vielleicht erkennen Sie das Dialogfenster wieder. Es ist das Fenster der Programmeinstellungen, welches wir bereits über die Menüleiste: Bearbeiten > Optionen für andere Einstellungszwecke mehrfach aufgerufen hatten.

Klicken Sie auf den Registerkartenreiter „Routing" und überlegen Sie sich, ob die dort angewählten Optionen Ihrem Fahrverhalten bzw. Bewegungstyp entsprechen.

Abbildung 2-4
Aktivitätsprofile
bearbeiten

Für das Aktivitäts-Beispiel „Mountainbiken" ist so z.B. die Routen-präferenz „Kürzere Strecke" zu empfehlen. Hingegen bei Fahrten mit dem Pkw kann die Auswahl „Kürzere Zeit" sinnvoller sein, da in dem Fall die Route über die Autobahn gewählt wird, obwohl die evtl. um einige Kilometer länger, dafür jedoch schneller ist.

In der Zeile „Höhenmodus" kann man der Software mitteilen, dass man die konditionell leichtere Tour bevorzugt. Ebenso können Sie in den Feldern der Vermeidungen von „Straßentypen" und „Merkmalen" Ihre Vorlieben an- oder abwählen. Interessant ist vielleicht noch das „Anpassen" der Geschwindigkeit, wenn Sie das Aktivitätsprofil für motorisierte Fahrzeuge bearbeiten. Somit kann die Fahrtzeit realistisch im Voraus berechnet werden. Klicken Sie diesen Button an und tragen Sie Ihre eigenen Durchschnittsfahrwerte in die entsprechenden Zeilen ein. Am Ende übernehmen Sie Ihre getätigten Einstellungen mit „OK", worauf sich die geöffneten Dialogfenster schließen. Diese Einstellungen sollten im Programm gespeichert bleiben. Kontrollieren Sie dies jedoch ab und zu nach, wenn Sie mit Routen arbeiten.

3.   Zurück im BaseCamp-Arbeitsfenster klicken Sie bitte mit der rechten Maustaste in der Bibliotheken-Liste auf „Meine Sammlung", um eine Liste zu erstellen, in der Sie nun Ihre ersten Zeichenversuche wagen. Wählen Sie aus dem Kontextmenü der Maus „Neue Liste" aus. Der gleichnamige Eintrag erscheint als Unter-ordner von „Meine Samm-lung".

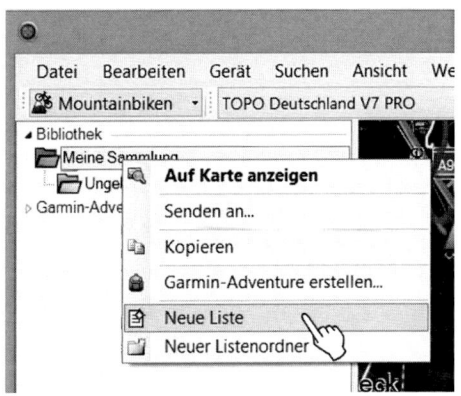

Abbildung 2-5 Eine neue Liste anlegen bedeutet so viel wie ein neues Blatt Papier zum Zeichnen aufschlagen

Während dieser noch blau unterlegt ist können Sie Ihre neu angelegte Liste sofort umbenennen. Es wird sich sicherlich ein Name wie „Test" anbieten. Wollen Sie eine Liste nachträglich umbenennen, klicken sie diese mit der rechten Maustaste an und wählen Sie aus dem Kontextmenü „Umbenennen". Gewöhnen Sie sich an, viel mit der rechten Maustaste zu arbeiten. Das Maus-Kontextmenü bietet Ihnen stets viele Funktionen zum aktuellen Arbeitsschritt, mit denen Sie besonders zügig ans Ziel kommen.

Wegpunkte erstellen

Wo wollen wir den ersten Wegpunkt erstellen? Denn dementsprechend müssen wir zuerst den Kartenausschnitt im Kartenfenster positionieren. Wählen Sie das „Hand"-Werkzeug aus, um die Karte im Kartenfenster zu verschieben. Klicken Sie dann mit der linken Maustaste in die Karte, halten Sie die Taste gedrückt und ziehen Sie nun die Karte dorthin, wo Sie sie benötigen. Zusätzlich können Sie mit dem Scroll-Rädchen der Maus den Darstellungsmaßstab verändern. Die gleiche Aktion können Sie auch in der kleinen Übersichtskarte ausführen, um die Karte im größeren Umfang zu verschieben.

Um nun in der Karte etwas erstellen bzw. zeichnen zu können, sollten Sie in diese soweit hineinzoomen, dass Sie die Straßen, Wege oder sonstigen Eintragungen gut sehen können. Je nach gewählter Detailstufe der Kartenansicht werden mehr oder weniger Kartenmerkmale sichtbar.

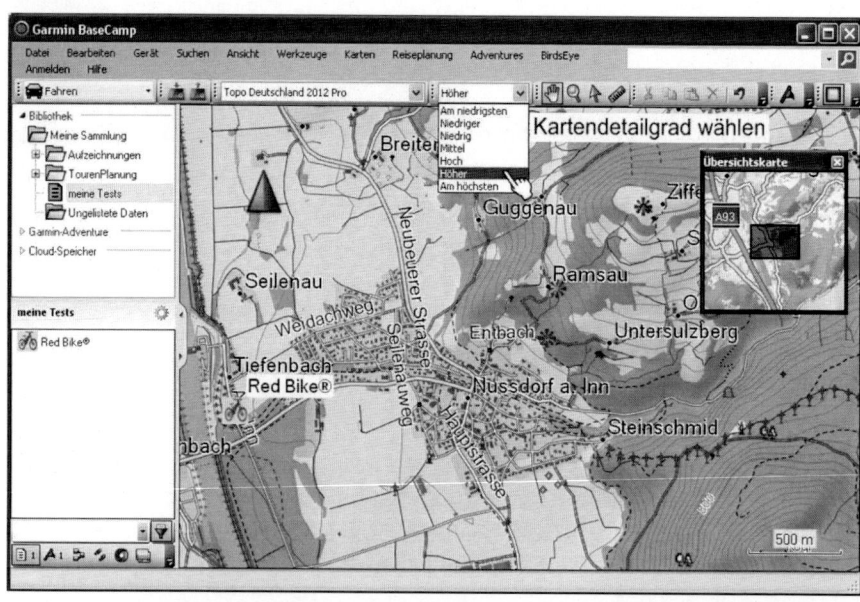

Abbildung 2-6 Detailstufe der Karte anpassen, um mehr Kartenmerkmale angezeigt zu bekommen (z.B. mehr Höhenlinien)

Werfen Sie noch einmal einen kurzen Blick in Ihre Bibliothek, ob dort auch wirklich noch Ihre neu angelegte „Test"-Liste markiert ist, damit die nächsten Arbeitsschritte auch wirklich in dieser Liste landen. Falls nicht, so klicken Sie nun nochmals mit einem linken Mausklick darauf. Nun nehmen wir uns ein Zeichenwerkzeug aus der Symbolleiste „Zeichenfunktionen".

Es stehen das Fähnchen zum Erzeugen von Wegpunkten, die 3 kleinen miteinander verbundenen Vierecke zum Erstellen einer Route und die 2 kleinen Fußabdrücke zum Zeichnen eines Tracks zur Auswahl.

Beginnen wir mit dem ersten Werkzeug, dem Erstellen von Wegpunkten. Klicken Sie den Button mit der linken Maustaste an. Klicken Sie anschließend mit der linken Maustaste in die Karte an die Stelle, wo Sie das Fähnchen in den Boden rammen wollen, also den Wegpunkt erstellen wollen. Schon fertig. Sie haben Ihren ersten Wegpunkt erstellt, der sofort links im unteren Teil der Spalte – in der Objektliste - erscheint. Durch einen Doppelklick der linken Maustaste auf diesen Eintrag öffnen Sie die Eigenschaften dieses Wegpunktes. Gleiches erzielen Sie auch durch einen einfachen Mausklick der rechten Maustaste und wählen im erscheinenden Kontextmenü „Öffnen". In den Eigenschaften können Sie dann durch Anklicken des Aufklapp-

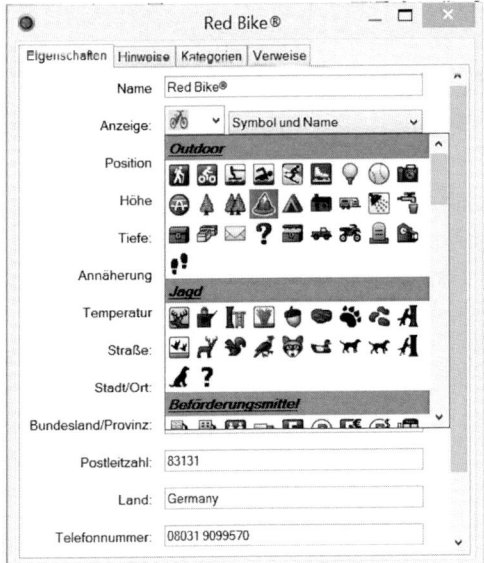

pfeils neben dem Symbol ein anderes Symbol aus der langen Liste wählen. Rechts neben der Symbolauswahl können Sie ebenso festlegen, ob der Wegpunkt nur als Symbol oder als Symbol mit Namen in der Karte sichtbar sein soll.

Abbildung 2-7
Wegpunktsymbol auswählen

Haben Sie den Wegpunkt in einer topografischen Karte erstellt, so erscheint hier auch gleich die Höhenangabe. Die Informationen zur Adresse sowie Telefon-Nr. etc. müssen bzw. können Sie selbst eintragen und sowieso alles ergänzen, was Ihnen wichtig ist.

Von diesen Informationen können Sie dann auch unterwegs im GPS-Gerät profitieren.

Abbildung 2-8
Wegpunkt Eigenschaften

Wegpunkt mit Alarmierungsfunktion

Tragen Sie in der Zeile „Annäherung" eine Entfernungsangabe ein (z.B. 50 m). So wird Sie Ihr GPS-Gerät unterwegs durch einen Piepston aufmerksam machen, wenn Sie den Alarmierungsradius von 50 Metern vor dem Wegpunkt betreten, aber auch 50 Meter hinter dem Punkt wieder verlassen.

➔ Ist Ihnen diese akustische Funktion wichtig, so vergewissern Sie sich nach dem Übertragungen zum Gerät, dass der Annäherungsalarm vom Gerät auch übernommen wurde. Sie sollten in dem Fall den Wegpunkt auf alle Fälle im Hauptmenü des GPS-Gerätes, in der Kategorie „Annäherungs-Alarme" wiederfinden. Derzeit funktioniert das nur, wenn Sie diese Wegpunkte (! ohne Track oder Sonstiges!) in der Objektliste markieren > rechter Mausklick > „Senden an" und dann den Gerätespeicher wählen. Schon alleine durch den Speicherplatz auf der microSD-Karte kann es vorkommen, dass diese Funktion im Gerät nicht erkannt wird. ⬅

Erstellen Sie bitte noch weitere Wegpunkte, die nicht weiter voneinander entfernt sind, als Sie auf einer Tour erreichen können.

Wenn Sie nun in der Kartenansicht ein Merkmal entdecken, dass sowieso schon hervorgehoben wird (aber eben noch kein Wegpunkt ist), wie z.B. der Gipfel eines Berges, so müssen Sie nun gar nicht mit dem aktiven „Fähnchen"-Werkzeug mühselig versuchen, genau den Gipfel zu treffen, sondern können das ![hand] „Verschieben"- oder ![arrow] „Wählen"-Werkzeug verwenden, um Wegpunkte von einem bereits vorhandenen <u>Kartenmerkmal</u> zu übernehmen.

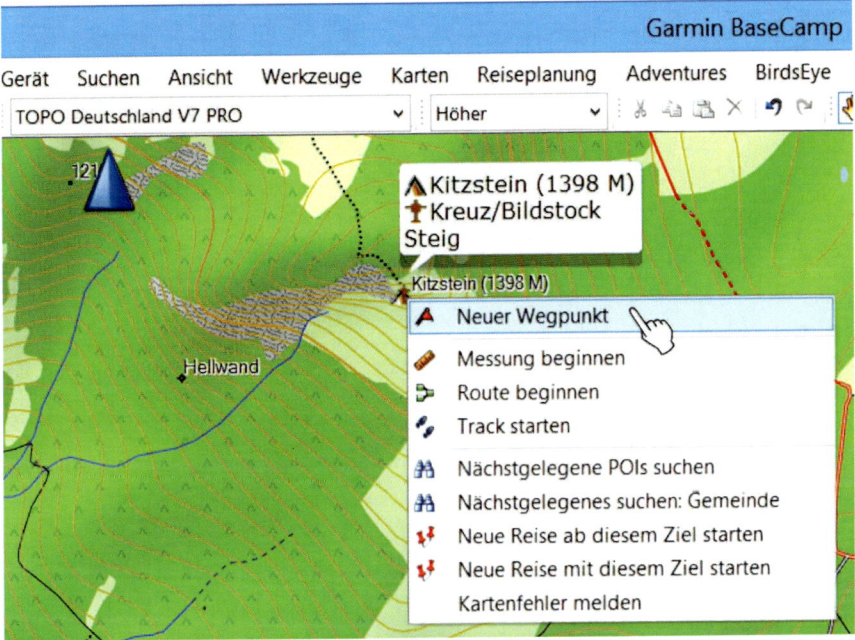

Abbildung 2-9 Wegpunkt aus einem Kartenmerkmal erstellen, rechter Mausklick

Wählen Sie also eines der beiden Werkzeuge und führen Sie den Mauszeiger über einen hervorgehobenen Punkt in der Karte. Verweilen Sie dort bis sich eine kleine Text"blase" öffnet und die Information zu dem anvisierten Punkt zeigt. Ist es die Information zu dem gewünschten Gipfel, setzen Sie genau hier einen rechten Mausklick. Daraufhin öffnet sich das Kontextmenü und bietet Ihnen alle möglichen Optionen zu diesem Punkt. An oberster Stelle finden wir auch gleich unsere Wunschfunktion. Bewegen Sie also Ihren Mauszeiger in das Kontextmenü und klicken Sie mit der linken Maustaste auf „Neuer Wegpunkt". So wird aus diesem Kartenmerkmal ein Wegpunkt erstellt. Erstellen Sie noch mindestens einen weiteren Wegpunkt, der das Ziel des geplanten Ausfluges sein soll.

Oder ist in Ihrem Fall der Ausgangspunkt auch gleichzeitig der Endpunkt der Tour - ein Rundkurs also? So benötigen Sie noch einen Wegpunkt vor dem Ziel, der aber auf einem anderen Weg liegt, als der Hinweg zum Gipfel.

Da wir nun den Startpunkt noch ein zweites Mal benötigen, nämlich als Zielpunkt, klicken Sie bitte mit der rechten Maustaste auf den Start-Wegpunkt links in der Objektliste. Es öffnet sich wieder das Kontextmenü der Maus, in welchem Sie nun den Eintrag „Duplizieren" mit der linken Maustaste einmal anklicken. Daraufhin erscheint derselbe Wegpunkt nochmals in der Objektliste, jedoch nun mit einer ergänzenden Nummerierung. Denn BaseCamp lässt keine doppelten Bezeichnungen zu.

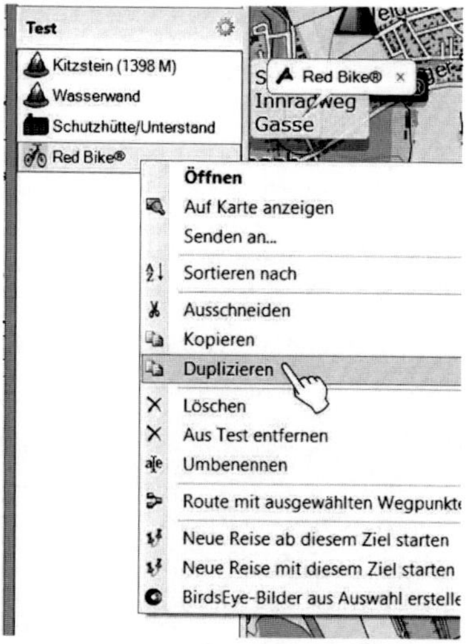

Abbildung 2-10 Wegpunkte duplizieren

Wegpunkte verschieben

Wegpunkte kann man auch nachträglich an einen anderen Ort verschieben. Markieren Sie dazu einen Wegpunkt in Ihrer Objektliste (linker Mausklick) und wählen Sie das „Punkt verschieben"-Werkzeug. Klicken Sie nun damit auf Ihren Wegpunkt in der Karte und ziehen Sie ihn mit gehaltener Maustaste an Ihre neue Wunschposition. Lassen Sie dort los. Fertig.

Abbildung 2-11 Wegpunkte verschiebe

Elemente löschen oder entfernen

Um Wegpunkte oder andere Elemente aus BaseCamp wieder zu löschen bzw. zu entfernen, klicken Sie mit der rechten Maustaste auf das nicht mehr gewünschte Objekt in der Objektliste und wählen in dessen Kontextmenü „Löschen". Wählen Sie hingegen „Aus *Test* entfernen" oder benutzen Sie die „Entf"-Taste der Tastatur, so wird das Objekt nur aus der „Test"-Liste von „Meine Sammlung" entfernt, wobei es aber eben im Gesamt-Ordner „Meine Sammlung" erhalten bleibt. Dann ist es im Ordner „Ungelistete Daten" wieder zu finden.

➜ Der obere „Löschen"-Eintrag im Kontextmenü ist also immer der, der die Daten vollständig aus BaseCamp entfernt. ⬅

Routen anhand eigener Wegpunkte erstellen

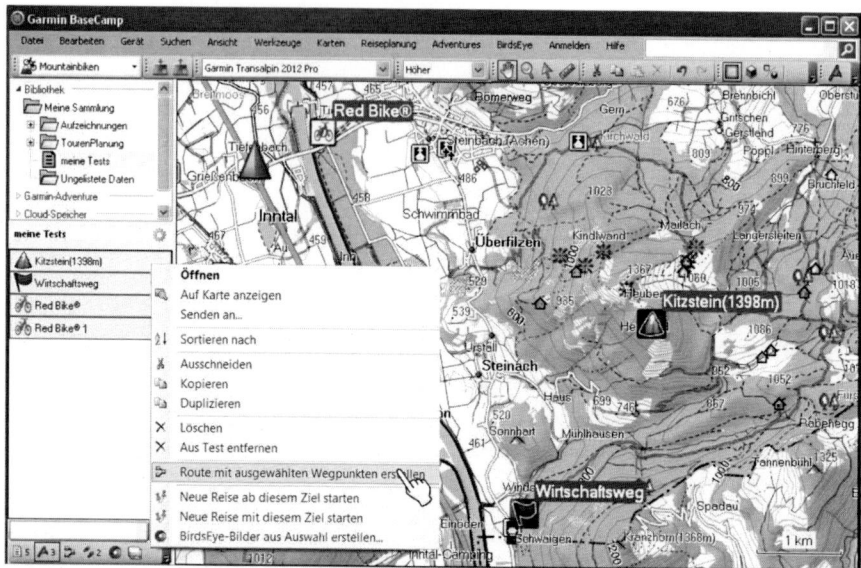

Abbildung 2-12 Routen mit ausgewählten Wegpunkten erstellen

Um nun aus unseren Wegpunkten eine Route zu erstellen, markieren Sie alle benötigten Wegpunkte. Klicken Sie dazu mit der linken Maustaste auf den obersten Wegpunkt in der Objektliste. Drücken Sie nun gleichzeitig die zwei Tasten „**Strg**" & „⇧" auf Ihrer PC-Tastatur und klicken Sie den untersten Wegpunkt der Liste an. Somit werden alle dazwischen liegenden Objekte markiert und sind farbig hinterlegt. Wollen Sie nur bestimmte Wegpunkte markieren, so halten Sie nur die „Strg"-Taste gedrückt, während Sie alle weiteren Wegpunkte anklicken. Klicken Sie dann mit der rechten Maustaste auf die farbige Markierung und wählen Sie aus dessen Kontextmenü „Route mit ausgewählten Wegpunkten erstellen". BaseCamp erstellt sofort und automatisch eine Route anhand Ihres Aktivitätsprofils. Diese ist in der Reihenfolge der abzufahrenden Wegpunkte vermutlich noch nicht korrekt. Denn BaseCamp hat hierbei noch keinerlei Wegpunkt-Reihenfolge berücksichtigt. Das können Sie von der Bearbeitungsfunktion „Optimieren" am unteren Ende des Eigenschaften-Fensters erledigen lassen.

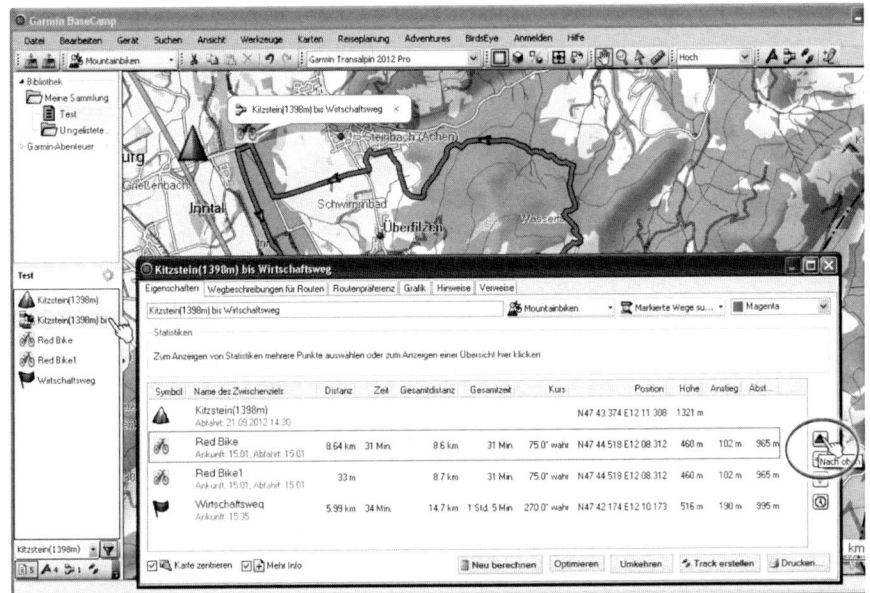

Abbildung 2-13 Wegpunkte in Ihrer Reihenfolge anordnen

Oder wir erledigen dies selbst wie folgt: In unserer Objektliste klicken wir mit der rechten Maustaste auf den neu hinzugekommenen Eintrag, der vor seinem Namen das „Routen"-Zeichen zeigt. Im Kontextmenü wählen wir „Öffnen", um die <u>Eigenschaften dieser Route</u> zu öffnen und zu bearbeiten. Klicken Sie im geöffneten Eigenschaften-Fenster den in Ihrem Tourenablauf 1. Wegpunkt an, was vermutlich der Start sein sollte. Klicken Sie dann auf den am rechten Fensterrand angesiedelten nach oben deutenden Pfeil. Somit können Sie diesen <u>Wegpunkt an die erste Stelle</u> schieben sowie mit dem nach unten deutenden Pfeil alle anderen Wegpunkte in der Reihenfolge der Streckenführung anordnen. Mit dem Plus-Zeichen darunter können Sie weitere Wegpunkte der Route hinzufügen. So beispielsweise auch den Startpunkt ein zweites Mal einfügen, um diesen als Zielpunkt zu verwenden und daher an letzter Stelle anzuordnen. So umständlich wie wir das nämlich vorhin mit unserem Start- und Zielpunkt als Duplizier-Methode durchgeführt haben, muss man das also gar nicht machen. Das diente rein zur Übung. Ist nun alles in der richtigen Reihenfolge angeordnet, klicken Sie auf „Neu berechnen".

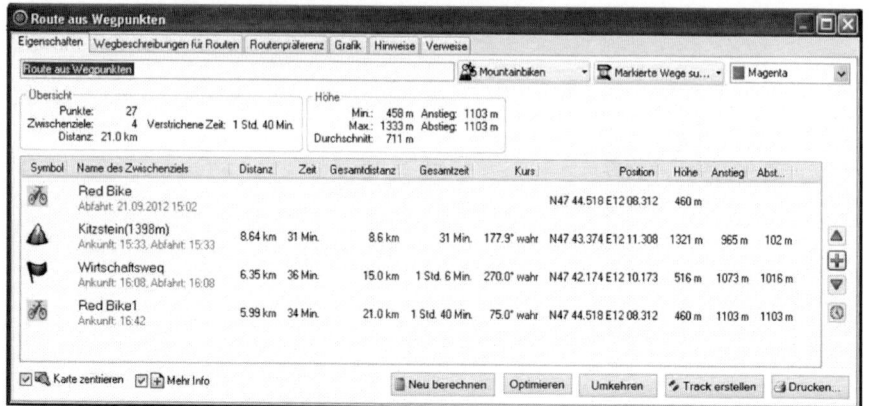

Abbildung 2-14 Eigenschaften-Fenster einer Route

In der Eingabezeile ganz oben können Sie Ihre Route beliebig umbenennen. Rechts daneben könnten Sie auch die <u>Linienfarbe</u> ändern.
Durch Anklicken des Buttons „Markierte Wege su..." lassen sich beliebte und eingetragene Wege in der Umgebung aufspüren. Dazu später mehr (siehe „Touren aus markierten Wegen erstellen").

In der Übersicht unter der Eingabezeile sehen Sie sofort wie lang die Tour ist und welche Dauer die Software anhand Ihres gewählten Aktivitätsprofils errechnet hat, obwohl man momentan noch keinen Einfluss auf bergauf-, bergab- oder ebene Fahrstrecken hat. Das ist wohl noch etwas Zukunftsmusik für kommende BaseCamp-Versionen. Dafür kann man allerdings in der <u>Wegpunktliste</u> einen Wegpunkt anklicken und mit dem am rechten Fensterrand angeordneten Ⓝ „Uhr"-Button, die <u>Ankunfts-</u> und <u>Abfahrtszeit</u> eines jeden Wegpunktes verändern. Des Weiteren finden Sie hier auch die Positionskoordinaten und die Höhe jedes Punktes sowie die Auf- und Abstiegsmeter zum nächsten Wegpunkt (wenn Sie das Häkchen bei „mehr Infos" gesetzt haben).

Mit den Bearbeitungsfunktionen am unteren Rand des Eigenschaften-Fensters könnte man die Route nun auch durch einen einzigen Mausklick in Ihrer Richtung <u>umkehren</u>.

Mit dem Button „Drucken" können Sie sich die Übersichtsdaten sowie die Wegbeschreibung ausdrucken. Das Anpassen des Ausdruckes wird im Abschnitt „Touren ausdrucken" noch ausführlich erläutert.

Mit „Track erstellen" gelingt das eigentlich allerwichtigste unserer Tourenplanung. Denn die von BaseCamp automatisch erstellte Route ist ja nichts anderes, als ein variabler Weg zu den einzelnen Wegpunkten, der nach dem Senden zum GPS-Gerät von dessen Software und den dort getroffenen Einstellungen neu berechnet wird. Also wäre ja spätestens dann jede Tourenausarbeitung für die Katz´. Daher klicken Sie nun bitte auf den Button „Track erstellen". Daraufhin erscheint ein weiteres Element in unserer Objektliste. Es trägt momentan noch denselben Namen wie unsere Route. Nur das nun ein anderes Symbol vor der Bezeichnung zu sehen ist, nämlich die zwei kleinen Füße, die einen Track symbolisieren.

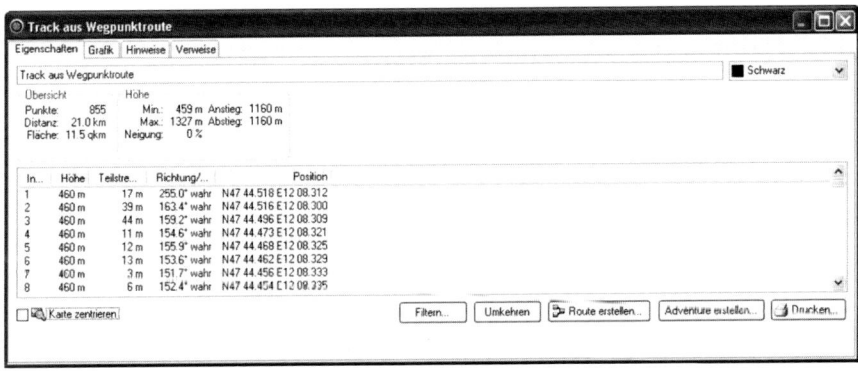

Abbildung 2-15 Track Eigenschaften

Gleichzeitig wechselt unser Eigenschaften-Fenster der Route zum Eigenschaften-Fenster des Tracks. Ändern Sie gleich in der obersten Zeile den Namen und wählen Sie Ihre Wunsch-Linienfarbe im Aufklappfenster rechts daneben, am besten in Schwarz.

Ein am PC erstellter Track bietet noch nicht so viele Vorinformationen wie eine Route oder ein von einem GPS-Gerät aufgezeichneter Track, daher findet man in der Übersicht nur die Anzahl der Trackpunkte, die durch die Umwandlung willkürlich verteilt wurden, die Distanz und die Fläche, die der Track abdeckt sowie die Höhendaten. Letzteres erfährt man aber auch nur dann, wenn die Route oder der Track in einer topografischen Garmin-Karte erstellt wurde.

Den größten Teil des Fensters belegt die Trackpunktliste. Hier ist also jeder der in meinem Beispiel 855 Trackpunkte in einer Zeile mit der Höhe, Teilstrecke zum Nächsten, Richtung und Positionskoordinaten aufgeführt. Bei einem vom GPS-Gerät aufgezeichneten Track kämen hier noch die Fahrtzeit, Geschwindigkeit und Temperatur hinzu.

Auch hier lassen sich mit den Bearbeitungsfunktionen am unteren Fensterrand weitere Aufgaben schnell bewerkstelligen. Das „Filtern" dient dazu, um die Trackpunkteanzahl zu reduzieren. Das wäre für ältere GPS-Geräte (bis ca. 2010) wichtig, welche einen Trackpunkte-technisch begrenzten Speicher haben. Ansonsten nutzt man das Filtern nur dann, wenn die Trackdatei einfach ein nicht zu großes Speichervolumen haben soll. Im Normalfall kann man aber in den Einstellungen des GPS-Gerätes festlegen, in welcher Qualität der Track aufgezeichnet werden soll, so dass ein nachträgliches Filtern überflüssig ist.

Mit dem Button „Umkehren" lässt sich auch ein Track in seiner Richtung verändern.

Mit „Route erstellen…" könnte man aus einem Track auch wieder eine Route erstellen, was jedoch nur zu Informationszwecken dienen sollte, weil man z.B. vergessen hat, sich die Wegbeschreibung auszudrucken. Denn ein Track liefert keine Wegbeschreibung. Ansonsten vernachlässigen wir diesen Button, da wir ja froh sind, dass unsere Tour nun ein nicht mehr unbewusst veränderbarer Tourenausarbeitung ist.

Dem „Adventure erstellen" bzw. „Abenteuer erstellen" und „Drucken" widmen wir uns später.

Aber das Eigenschaften-Fenster hat noch mehr zu bieten.

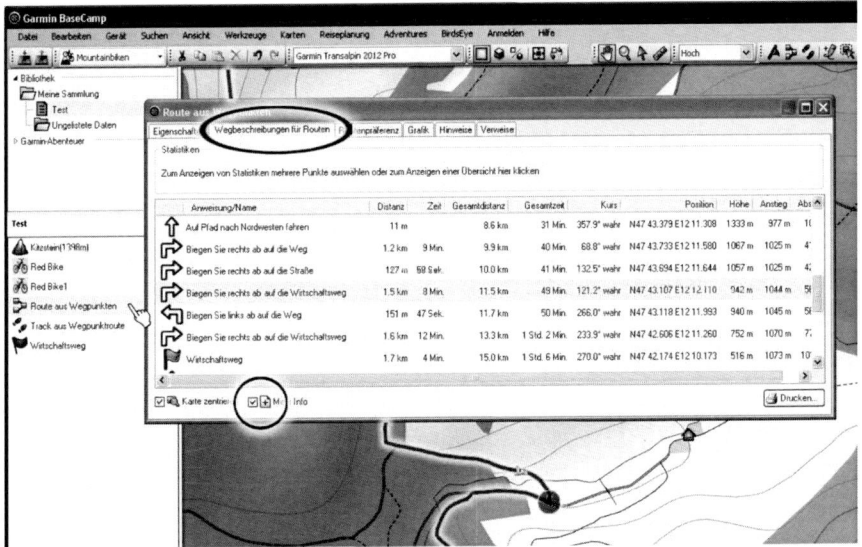

Abbildung 2-16 Liste der Wegbeschreibung, nur bei Routen

Das sehen wir uns am besten bei unserem Routenbeispiel an. Doppelklicken Sie bitte mit der linken Maustaste auf Ihren Routeneintrag in der Objektliste, so dass sich dessen Eigenschaften öffnen. Ganz oben am Rand des Fensters sehen Sie mehrere Registerkartenreiter. Wählen Sie dort die „Wegbeschreibungen für Routen" aus.

Die Wegbeschreibung zeigt Ihnen nun die detaillierten Abbiegehinweise mit Teil- und Gesamtstreckenangabe, Höhen- und Zeitinformationen sowie den Positionskoordinaten. Falls nicht alle Informationen angezeigt werden, klicken Sie am unteren Fensterrand auf „Mehr Info", wenn Sie es wünschen. In der Liste sind auch unsere Wegpunkte wiederzufinden. Das Häkchen bei „Karte zentrieren" bewirkt, dass wenn Sie auf eine der Abbiegungen klicken, so springt die Kartendarstellung zu diesem Punkt, markiert diesen mit einem orangen Kreis und Sie können sich so auch bildlich über diese Abbiegung vorinformieren (evtl. müssen Sie das Fenster mit der Wegbeschreibung ein wenig zur Seite schieben). Alles angesehen? Dann wechseln wir zur grafischen Darstellung des Höhenprofils.

Höhenprofilgrafik

Klicken Sie dazu bitte mit der linken Maustaste auf den Registerkarten-reiter „Grafik" am oberen Fensterrand des Eigenschaften-Fensters. Je nachdem wie weit Sie mit der linken Maustaste am unteren Fensterrand herunterziehen, wird das Höhenprofil steiler oder flacher dargestellt.

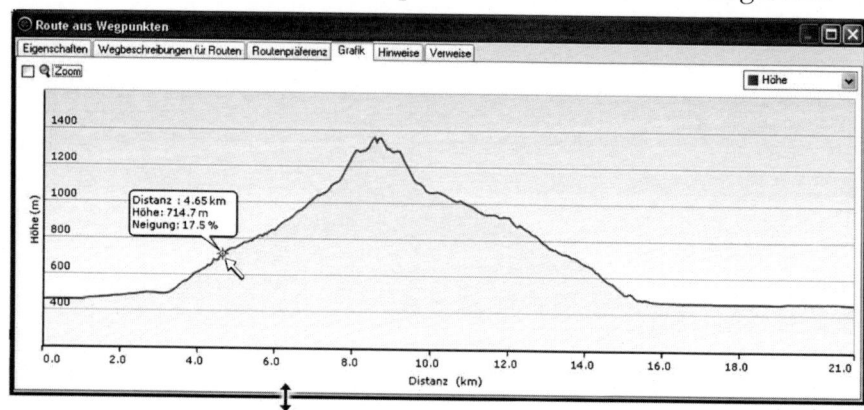

Abbildung 2-17 Die Höhenprofilgrafik

Fahren Sie mit dem Mauszeiger auf der Höhenlinie entlang und werfen Sie einen Blick in das Kartenfenster, so werden Sie in der Kartenansicht ein Männchen entdecken, welches mit Ihrer Mausbewegung auf Ihrer Route in der Karte entlang rennt und Ihnen somit genau den Punkt anzeigt, den Sie im Höhenprofil anvisieren.

Im Höhenprofil selbst sehen Sie direkt am Mauszeiger detaillierte Infos zur Distanz (vom Start gemessen) sowie der Höhe und Neigung.

Messen von Teilstücken

Klicken Sie mit der linken Maustaste auf eine Position der Höhen-profil-Linie und gleich danach auf eine zweite Position der Linie, so bekommen Sie unter dieser Höhengrafik die genauen Distanzwerte zwischen den zwei angeklickten Punkten ausgewertet. Der dort angezeigte Anstiegswert ist nicht nur die Differenz aus höchstem und niedrigstem Punkt, sondern beinhaltet jeden aufwärts zu erklimmenden Höhenunterschied, also auch nachdem es auf dem Teilstück kurz bergab ging.

Wer es genauer sehen möchte, kann das Höhenprofil in Abschnitten vergrößern. Dazu klicken Sie mit der linken Maustaste in das kleine „Zoom"-Kästchen, links oben über der Höhenprofilgrafik.

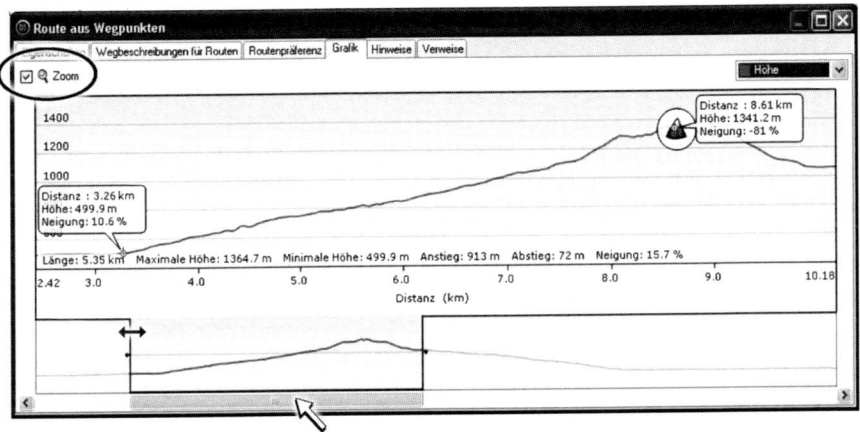

Abbildung 2-18 Höhenprofil im Detail

Daraufhin öffnet sich unterhalb der Grafik ein weiteres Höhenprofil. Dort legt man den Ausschnitt fest, der dann im oberen Teil vergrößert dargestellt werden soll. Klicken Sie mit der linken Maustaste auf die linke oder rechte Begrenzungslinie des unteren Höhenprofils und ziehen Sie die linke oder rechte Begrenzung an die Stelle, dass Sie im oberen Teil den gewünschten Ausschnitt erhalten. Bei unserem Höhenprofil der Route mit Wegpunkten werden nun sogar auch die Wegpunkte eingeblendet. Sie sind Bestandteil der Routenberechnung, weil wir die Route aus den Wegpunkten erzeugt hatten. Um einen weiteren Abschnitt des Profils anzusehen, müssen Sie nun aber nicht wieder die linke und rechte Begrenzungslinie des unteren Ausschnittes verschieben, sondern fassen jetzt einfach den blauen „Schiebe"-Balken an der unteren Fensterkante an und bewegen diesen Teil nach links oder rechts.

Die weitere Registerkarte des Routen-Eigenschaftsfensters „Hinweise" bietet Ihnen die Möglichkeit, sich Notizen zu dieser Route zu machen. Im oberen Teil des Fensters ist reichlich Platz dafür. Mit dem Funktions-Button „Datei hinzufügen" und „Weblink hinzufügen" können Sie sich z.B. auf Ihrer PC-Festplatte abgespeicherte Fotos oder

Tourenbeschreibungen der Route anhängen sowie auch Verweise zu Webseiten vermerken. Diese Informationen zeigen die GPS-Geräte derzeit allerdings nicht an.

Auf der letzten der Registerkarten befinden sich die „Verweise". Hier lässt sich sehen, in welcher Liste oder Listenordner die Route liegt. Bei Wegpunkten würde man hier auch angezeigt bekommen, an welcher Route dieser Punkt beteiligt ist.

Damit hätten wir sie alle, die Eigenschaften einer Route. Schließen Sie das Eigenschaften-Fenster und kehren Sie in das normale BaseCamp-Fenster mit der Kartenansicht zurück. In der Objektliste befinden sich nun also unsere erstellten Wegpunkte, die Route aus den Wegpunkten und der Track, den wir aus der Route umwandeln ließen. Theoretisch könnten Sie auch die Route zum GPS-Gerät senden. Tun Sie das jedoch nur dann, wenn Ihnen der Weg zu den erstellten Wegpunkten ziemlich egal ist. Denn ich sagte es ja bereits, Ihr GPS-Gerät kann den Weg zwischen den Wegpunkten auf Grund anderer Routingein-stellungen auch anders berechnen. Bleibt es trotzdem Ihr Wunsch, blättern Sie nun zum Abschnitt „Daten zum GPS-Gerät übertragen".
Ansonsten entfernen Sie die Route aus BaseCamp, da sie uns ja nur eine Hilfe zum zügigen Erstellen des Tracks war (rechter Mausklick auf den Routeneintrag > „Löschen").

In unserer Liste „Test" befindet sich nun eine fertige Trackdatei und Wegpunkte. Wir können nun die gesamte Liste mit all ihren Elementen an das GPS-Gerät senden oder auch einfach nur am PC abspeichern.

Daten am PC abspeichern und sichern

Alle Touren die fertig bearbeitet sind, lohnen sich aus der BaseCamp-Software herauszuholen (zu exportieren), um sie an einem beliebigen Speicherort der PC-Festplatte oder anderen Speichermedien abzuspeichern und somit für die Ewigkeit zu sichern. Dazu eignet es sich eben, wenn Sie Ihre diversen Touren in einzelnen Listen in der Bibliothek „Meine Sammlung" angelegt haben. Somit sind alle Elemente einer Tour in einer Liste zusammengefasst und können nun als kompakte Datei abgespeichert werden.

Ansonsten, wenn Sie Ihre Arbeit in BaseCamp beenden indem Sie das Fenster schließen, werden alle darin befindlichen Elemente BaseCamp-intern abgespeichert und sind beim nächsten Öffnen der Software sofort wieder vorhanden. Wenn nicht etwas Unvorhergesehenes passiert! Daher speichern Sie sich bitte Ihre wichtigen Daten bei Arbeitsende selbst ab. Sie können also jede einzelne Liste als GPX-Datei abspeichern. Den gesamten Bibliotheken-Ordner „Meine Sammlung" würde ich nicht empfehlen als eine GPX-Datei abzuspeichern, da beim erneuten Öffnen die Elemente der einzelnen untergeordneten Listen leider alle in eine Liste zusammengeschmissen werden.

Zum Abspeichern klicken Sie in der Bibliothek mit der linken Maustaste auf die entsprechende Liste, so dass diese blau unterlegt ist. Wählen Sie dann in der Menüleiste „Datei" > "Exportieren" > „Liste" exportieren.

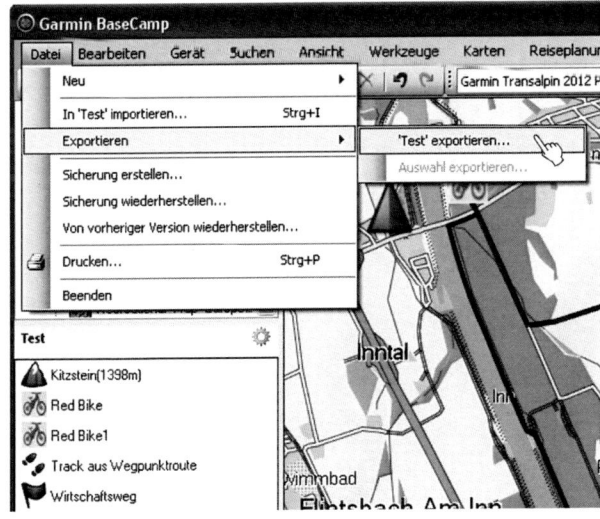

Abbildung 2-19 Eine Liste mit all seinen Objekten abspeichern

Abbildung 2-20 Standart-Dialogfenster zum Abspeichern einer Datei

Es öffnet sich das Dialogfenster zum Abspeichern der Datei. Wählen Sie einen Speicherort, den Sie dann auch wiederfinden. Mit der Installation der Base Camp-Software sollte sich auf Ihrer PC-Festplatte der Ordner „Mein Garmin" erstellt haben,

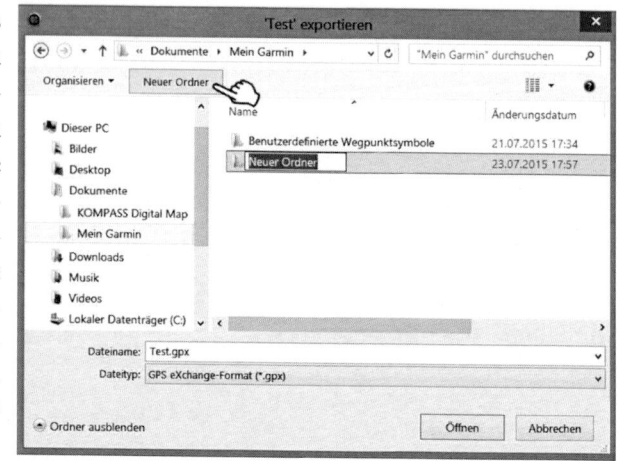

vermutlich im „Dokumente"-Ordner. Dieser bietet sich an, darin die ganzen GPS-Dateien zu sammeln. Legen Sie sich am besten hierin einen Ordner an, den Sie „Uebungen" nennen. In diesen speichern Sie sich dann die hier beschriebenen Übungen.

Vergeben Sie im unteren Teil des Fensters einen beliebigen Dateinamen, falls Sie den bereits vorgeschlagenen Namen nicht übernehmen möchten. In der Zeile „Dateityp" sollte unbedingt „…(*.gpx)" ausgewählt sein. Denn das GPX-Format ist das inzwischen gebräuchlichste GPS-Format, welches Sie mit nahezu allen GPS-Programmen wieder öffnen und an fast alle Garmin Outdoor- und Sport-Geräte übertragen können. Führen Sie den Vorgang mit dem „Speichern"-Button aus.

Bei Bedarf würden Sie diese Daten dann über die Menüleiste „Datei" > „In *Meine Sammlung* importieren" wieder in die Bibliothek von BaseCamp zurückholen.

Des Weiteren kann man aber auch eine Sicherungsdatei über die Menüleiste „Datei" > „Sicherung erstellen" anlegen und den Speicherort selbst bestimmen. Damit werden sämtliche Programm-Einstellungen und Inhalte aller Bibliotheken-Ordner und -Listen abgespeichert. Man könnte dann diese Sicherungsdatei an einem anderen Rechner öffnen und auf demselben Stand weiterarbeiten. Die Daten aus der Sicherungsdatei holen Sie auf ähnliche Weise wieder zurück. Wählen Sie dazu in der Menüleiste „Datei" > „Sicherung wiederherstellen".

Routen zeichnen

Zwischen zwei Punkten

Neue Aufgabe - neue Liste. Erstellen Sie sich bitte eine neue Liste in Ihrer Bibliothek (rechter Mausklick auf „Meine Sammlung" > „Neue Liste"). Nennen Sie diese „Zeichentest".
Wir benötigen dazu nochmals zwei Wegpunkte. Die kopieren wir uns am besten gleich aus unserer 1. Übungsliste. Klicken Sie mit der linken Maustaste also Ihre „Test"-Liste von der vorigen Übung an. In der darunterliegenden Objektliste klicken Sie mit der rechten Maustaste auf einen Wegpunkt und wählen im Kontextmenü „Senden an...".

Es öffnet sich ein kleines Dialogfenster, in dem Sie die Liste „Zeichentest" anwählen und mit „OK" bestätigen. Der Wegpunkt wird an unsere neue Liste gesendet. Wiederholen Sie diesen Vorgang und senden Sie einen zweiten Wegpunkt in die neue Liste.

Abbildung 2-21 "Senden an"-Auswahlfenster

Bevor wir nun unsere Zeichnung beginnen, denken Sie noch mal daran, ob Sie die richtige Karte und das richtige Aktivitätsprofil ausgewählt haben. Wenn Sie das ⇨ „Neue Route"-Werkzeug in der Symbolleiste aktivieren, öffnet sich das „Neue Route"-Fenster. Hier finden Sie auch noch einmal die Möglichkeit Karte und Aktivität auszuwählen. Mit dem Neue Route-Fenster können Sie nun sehr schnell eine Route aus Start- und Zielpunkt erstellen. Ziehen Sie dazu den „Start"-

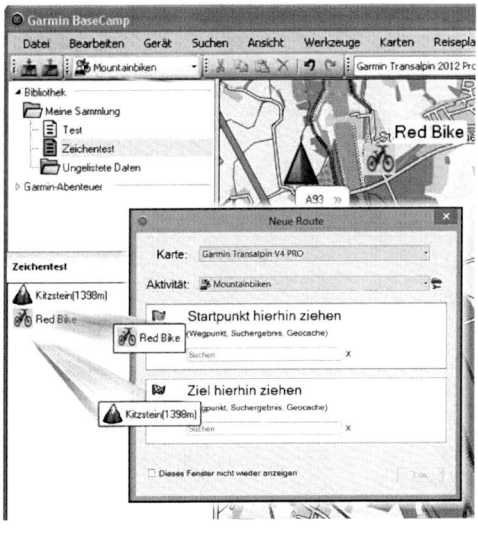

Abbildung 2-22 Neue Route erstellen

punkt mit der linken Maustaste in das obere „Startpunkt hierhin ziehen"-Feld und lassen ihn dort los. Denselben Vorgang führen Sie mit dem Wegpunkt aus, zu dessen Ziel Sie sich führen lassen wollen.
Aber nicht nur selbst erzeugte Wegpunkte, sondern auch irgendwelche Einträge, die der Garmin-Karte oder der „yelp"-Datenbank entspringen, können Sie für Ihre neue Route nutzen. Schreiben Sie dazu treffsichere Suchbegriffe in die „Suchen"-Eingabezeilen von Start- und Zielpunkt und wählen Sie aus der erscheinenden Liste das Entsprechende aus.

Schon errechnet BaseCamp die Route zwischen den beiden Punkten und öffnet das Eigenschaften-Fenster der Route. In der obersten Zeile können Sie gleich den korrekten Namen für Ihre Route eintippen, ansonsten interessieren uns die Eigenschaften jetzt nicht weiter. Daher können Sie das Fenster gleich wieder mit dem roten Kreuz im rechten oberen Fenstereck schließen.
Wir befassen uns nun vielmehr damit, wie wir die entstandene Route verändern können, wenn sie nicht den eigenen Erwartungen entspricht.

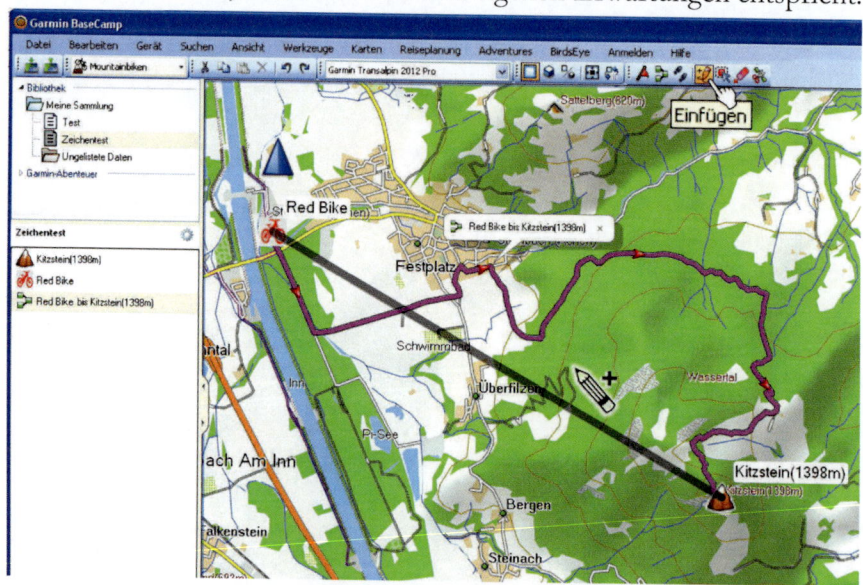

Abbildung 2-23 Eine Route über andere Wege lenken

Aktivieren Sie dazu das ✏ "Einfügen"-Werkzeug in der Symbolleiste und führen Sie den Mauszeiger, der sich zu einem Stift verwandelt, so über die Route, dass eine gerade schwarze Linie zwischen Start- und Zielpunkt auftaucht. Ist das der Fall, klicken Sie einmal mit der linken Maustaste. Damit bleibt die schwarze Linie an Ihrem Mauszeiger hängen. Führen Sie dann die Maus von der bisherigen Route weg, und klicken Sie mit der linken Maustaste auf einen anderen sinnvollen Weg in der Karte. Somit haben Sie einen Zwischenpunkt zwischen Start und Ziel erzeugt, über den nun sofort die neue Route geführt wird.

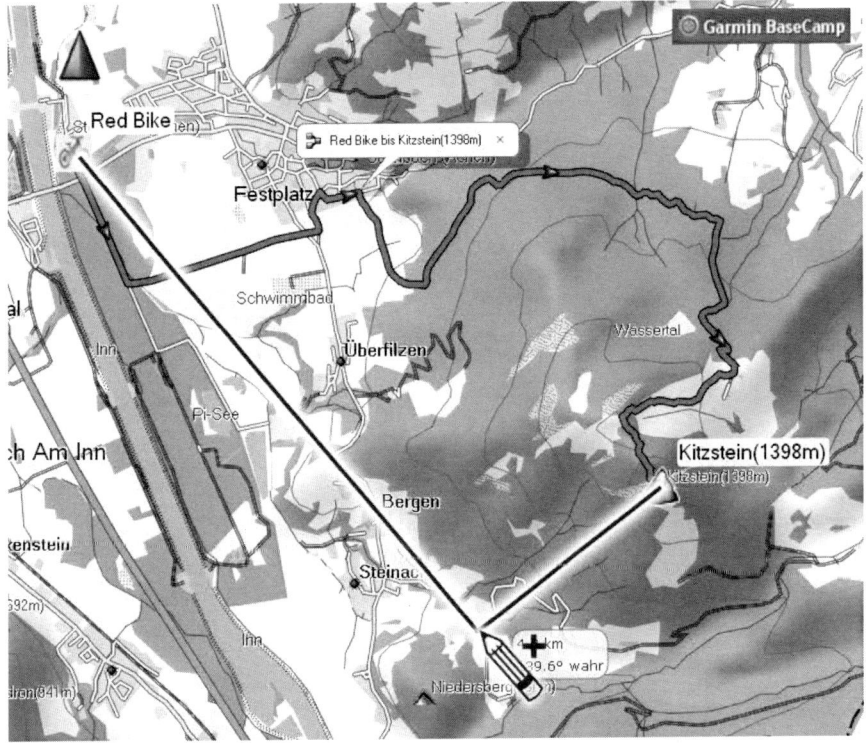

Abbildung 2-24 Zwischenziel einfügen

Dieses routentypische <u>Zwischenziel</u> ist allerdings kein Wegpunkt, dem wir Informationen etc. anhängen können. Daher erscheint dieser Punkt auch nicht in der Objektliste und kann auch nicht bearbeitet werden, aber er bestimmt von nun an die Routenführung ganz klar mit.

So können Sie beliebig viele Zwischenziele einfügen und die Route nachträglich über die Wege lenken, die Sie sich vorgestellt haben. <u>Be-</u>

<u>enden</u> können Sie diesen „Gummifaden"-Modus mit einem rechten Mausklick.

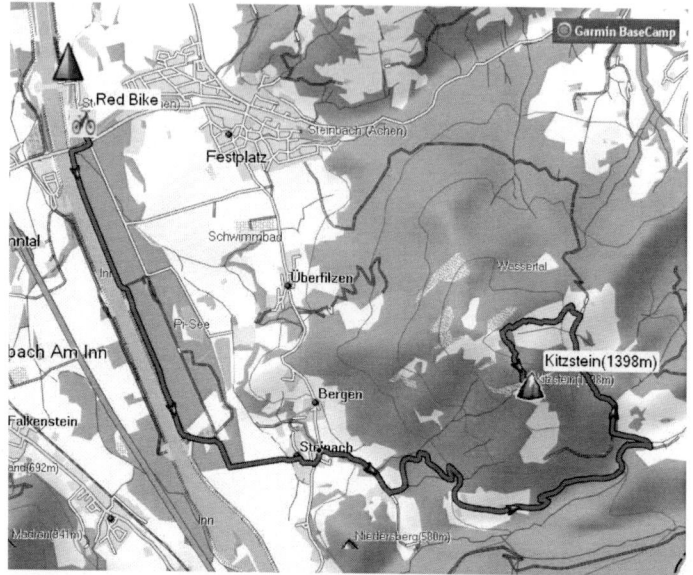

Abbildung 2-25
Neue Routen-
führung über
eingefügtes
Zwischenziel

Ist die Tour dann schließlich so wie Sie sie haben möchten, dann klicken Sie mit der rechten Maustaste auf den Routeneintrag in der Objektliste und wählen dort wieder „Track aus ausgewählter Route erstellen". Die originale Route benötigen wir nun nicht mehr, daher beseitigen Sie diese bitte mit einem rechten Mausklick auf den Routeneintrag und der „Löschen"-Auswahl aus dessen Kontextmenü.

Öffnen Sie die Eigenschaften des entstandenen Tracks durch Doppelklicken der linken Maustaste auf den Eintrag in der Objektliste und benennen Sie den Track nach Belieben um, so dass Sie ihn im GPS-Gerät, im Track-Manager, gut wiederfinden können. Rechts neben der Namenszeile wählen Sie aus der Aufklappliste am besten gleich noch die schwarze Linienfarbe aus, welche sich im Display des GPS-Gerätes meistens am besten erkennen lässt. Dann ist auch diese Tour fertig gezeichnet und kann mit all den Wegpunkten, die Ihnen wichtig sind, zum GPS-Gerät übertragen werden.

Aber man kann eine Route auch

Direkt in der Karte

in der Karte zeichnen, um sich das Erstellen der Wegpunkte zu sparen und trotzdem selbst zu bestimmen, wo die Tour langführen soll.

Klingt widersprüchlich, da dies ja im Prinzip die Eigenschaft eines Tracks ist. Wir sollten also eigentlich mit dem Werkzeug 🐾„Neuer Track" zeichnen. Dabei müssten wir nun mit der Maus einen linken Mausklick nach dem anderen in solch kleinen Abständen setzen, dass unsere dabei entstehende Tracklinie den Wegverlauf genau wiedergibt. Denn zwischen den gesetzten Mausklicks berechnet dabei nun keine Software den Weg.

Da jedoch alle neuen Garmin-Karten routingfähig sind, freuen wir uns über diese Arbeitserleichterung und wählen natürlich wieder das Werkzeug für die 🔀 Route, um unsere Tour in großzügigen Mausklick-abständen entwerfen zu können. Am Ende wandeln wir diese wie bei den vorigen Übungen zu einem Track um, damit unsere akribisch geplante Tour unverändert bleibt und auch im GPS-Gerät so angezeigt wird.

Schreiten wir zur Tat:
1. Ist die richtige Karte in der Kartenauswahl aktiviert?
2. Haben Sie das richtige Aktivitätsprofil ausgewählt?
3. Legen Sie sich eine neue Liste in der Bibliothek an. Ich benenne diese jetzt nach der Region, wo meine Tour stattfindet und zwar im italienischen „Brixen". Tun Sie bitte Ähnliches.

Zoomen Sie sich nun den Kartenausschnitt im Arbeitsfenster so zurecht, dass Sie Ihre beabsichtigte Tour im Blickfeld haben und die für das Aktivitätsprofil besonders geeigneten Wege hervorgehoben werden. Für meine „Mountainbiken"-Aktivität passiert das mit der Detailstufe „Hoch" der Kartendarstellung ab der 2 km-Auflösung (der Maßstab steht rechts unten im Kartenfenster). Je höher die Kartendetailstufe, desto eher werden die Wege aus der Ferne sichtbar. Weiter müssen wir vorerst noch gar nicht hineinzoomen.

Abbildung 2-26
Garmin TransAlpin 2012 Pro und Aktivitätsprofil „Mountainbiken"

In meinem Bildbeispiel deutet sich sogar schon eine schöne Runde an, die sich auf den für Mountainbiker lila markierten Wegen von Brixen, über Lüsen und um das Bergmassiv herum, nach Albeins zieht.

Aktivieren Sie das „Neue Route"-Werkzeug. Daraufhin öffnet sich das kleine Dialogfenster, welches nach Start- und Endpunkt fragt. Doch das benötigen wir jetzt nicht und können es einfach über das rote Kreuz im rechten oberen Fenstereck schließen. Führen Sie Ihren Mauszeiger in die Karte, so sehen Sie dass sich Ihr Mauszeiger zu einem Stift verwandelt. Dieser signalisiert Ihnen, dass die Zeichnen-Funktion immer noch aktiv ist. Klicken Sie damit nun dorthin, wo Sie die Tour starten möchten. Bei mir ist das ein Punkt in Brixen, der nahe meiner Zubringerstraße und dem markierten MTB-Weg liegt.

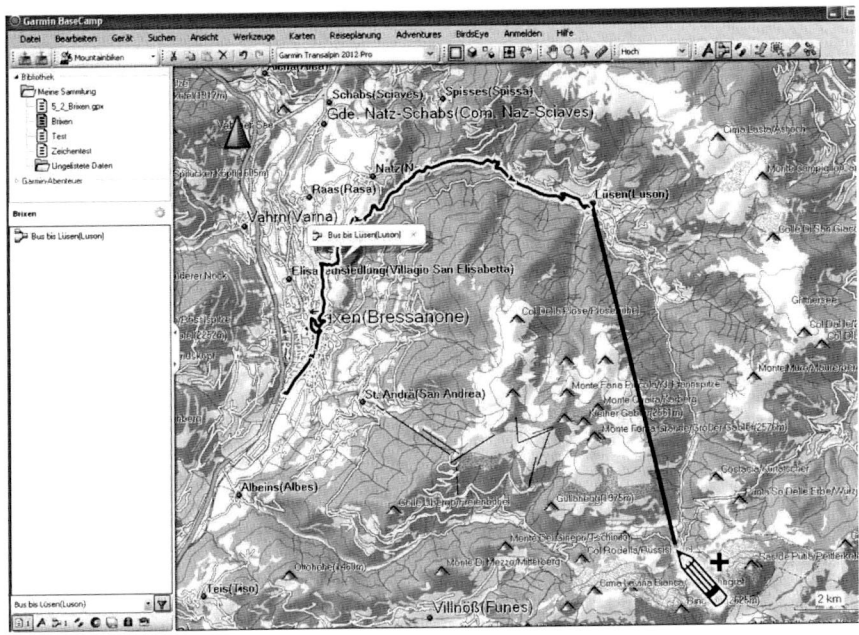

Abbildung 2-27 Mit dem "Neue Route"-Werkzeug lässt sich die Tour schnell zeichnen

Den nächsten Punkt setze ich bei Lüsen, bis wohin die Software dann schon sofort auf dem für das Aktivitätsprofil besten Weg den Anfang der Route berechnet. Klicken Sie mit dem Stift dann noch mindestens 2 weitere Punkte in großen Abständen an, so dass die gewünschte Runde um das Felsmassiv entsteht. Nach jedem gesetzten Zwischenziel=Mausklick sehen Sie sofort, für welchen Weg sich BaseCamp entscheidet. Stellen Sie fest, dass dies überhaupt nicht Ihren Vorstellungen entspricht, so nutzen Sie kurzer Hand die ↩ „Rückgängig"-Funktion, wodurch der letzte Arbeitsschritt verschwindet. Somit können Sie diesen Mausklick an eine bessere Position setzen, wodurch BaseCamp gezwungen wird sich für Ihren Weg zu entscheiden. Den letzten Mausklick setzten Sie dann auf Ihr Ziel. In meinem Fall ist es der Ausgangspunkt an dem das Auto steht, mit dem ich auch wieder heimfahren möchte.

➔ Manchmal kann es vorkommen, dass die Route z.B. bei Auswahl der MTB-Aktivität partout nicht auf der Landstraße entlangberechnen möchte, egal wie eng man die Mausklicks setzt. Dann drücken Sie beim nächsten Mausklick gleichzeitig die „Strg"-Taste. Somit wird die Routenberechnung gezwungen vorrübergehend als gerade Luftlinie zu berechnen. Sie können Ihre Routenlinie nach Lust und Laune lenken. Lassen Sie die „Strg"-Taste einfach wieder los, wenn Sie der Meinung sind, dass die Berechnung auf den vorhandenen Wegen wieder klappen sollte. ←

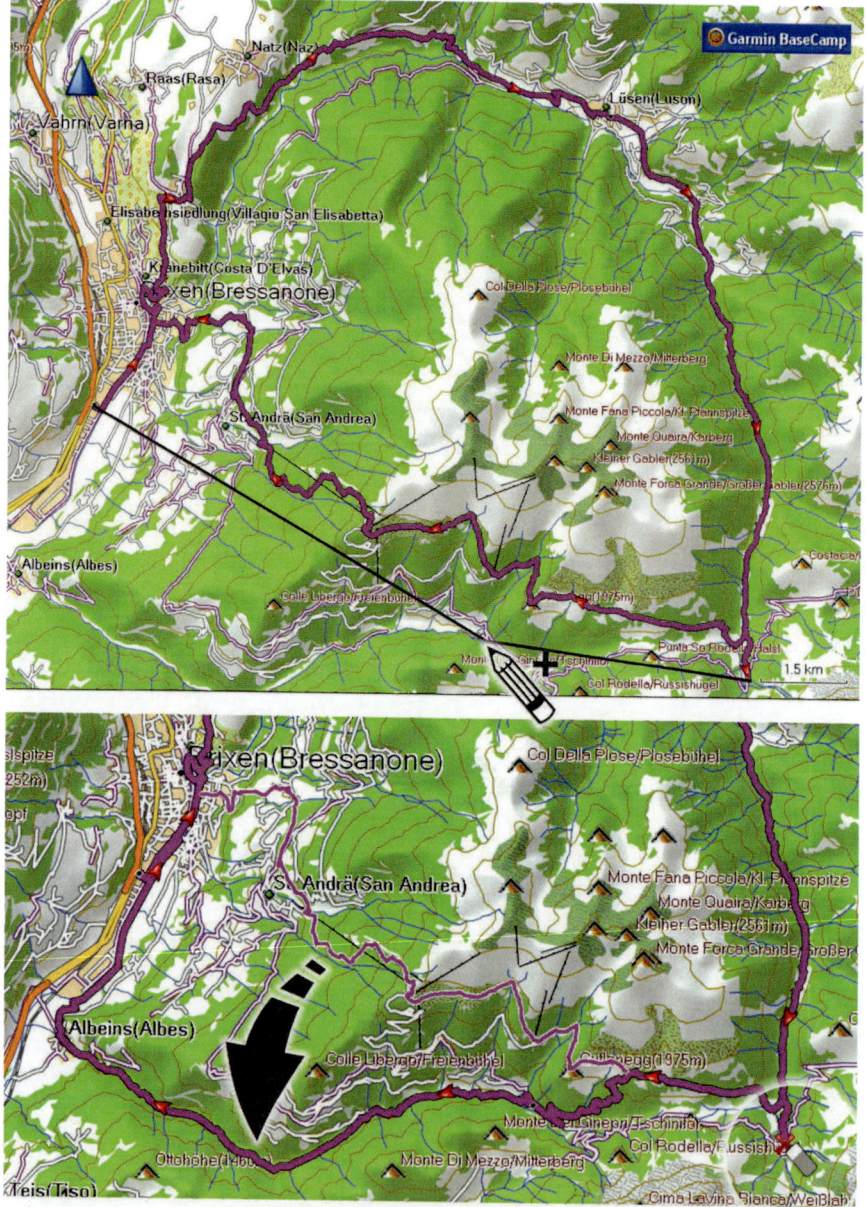

Abbildung 2-28 Die Route mit dem „Einfügen"-Werkzeug zwischen den gesetzten Mausklicks nachträglich verändern. Mit dem „Löschen" (Radiergummi)-Werkzeug sinnlos gewordene Zwischenziele entfernen.

Gefällt Ihnen die vollendete Route nicht, so können Sie natürlich auch wieder mit dem „Einfügen"-Werkzeug ein Teilstück der Route anvisieren bis die dicke schwarze Linie erscheint, dann ein weiteres Zwischenziel einfügen (linker Mausklick) und somit die Route auf einen anderen Weg ziehen (linker Mausklick auf einen anderen Weg) wie wir es bereits in der letzten Übung taten. Sind dadurch überflüssige Fahrwege entstanden, wie in Abb. 2-28 rechts unten, aktivieren Sie das „Radiergummi"-Werkzeug aus dem Symbolleistenteil „Bearbeitungsfunktionen" und führen diesen in der Karte auf den Punkt, der aus der Route verschwinden kann. Somit errechnet BaseCamp sofort eine neue Verbindung zwischen dem vorigen und dem nächsten Punkt.

Das Beste an diesem schnellen automatischen Vorentwurf ist, dass wir nun bereits aus den Eigenschaften der Route erfahren können, wie lang diese Strecke ist und wie viele Höhenmeter auf uns warten (Doppelklick auf den Eintrag in der Objektliste). Dementsprechend wissen wir nun, ob wir bei der feineren Ausarbeitung der Tour im nächsten Schritt noch ein paar Kilometer hinzufügen können oder weglassen müssen.

Jetzt sollten wir unbedingt kontrollieren, auf welchen Wegen wir uns eventuell durch das „Dickicht" schlagen müssen. Als Wanderer mag das so ziemlich egal sein. Da kommt man fast überall durch.

Doch als Mountainbiker bevorzugt man dann doch bestimmte Wege. Entweder möchte man eine größtmögliche Tour fahren und zügig vorankommen oder man mag es lieber etwas technischer, plant dafür eine eher kürzere Tour ein, die sich dafür allerdings meistmöglich auf schmalen Pfaden (Singletrails) entlangschlängelt.

Dadurch sollte man vor der Tour genau wissen wie viel Strecke auf welchen Wegen zurückgelegt werden muss, um die Dauer und Anstrengung der Tour genau einschätzen zu können.

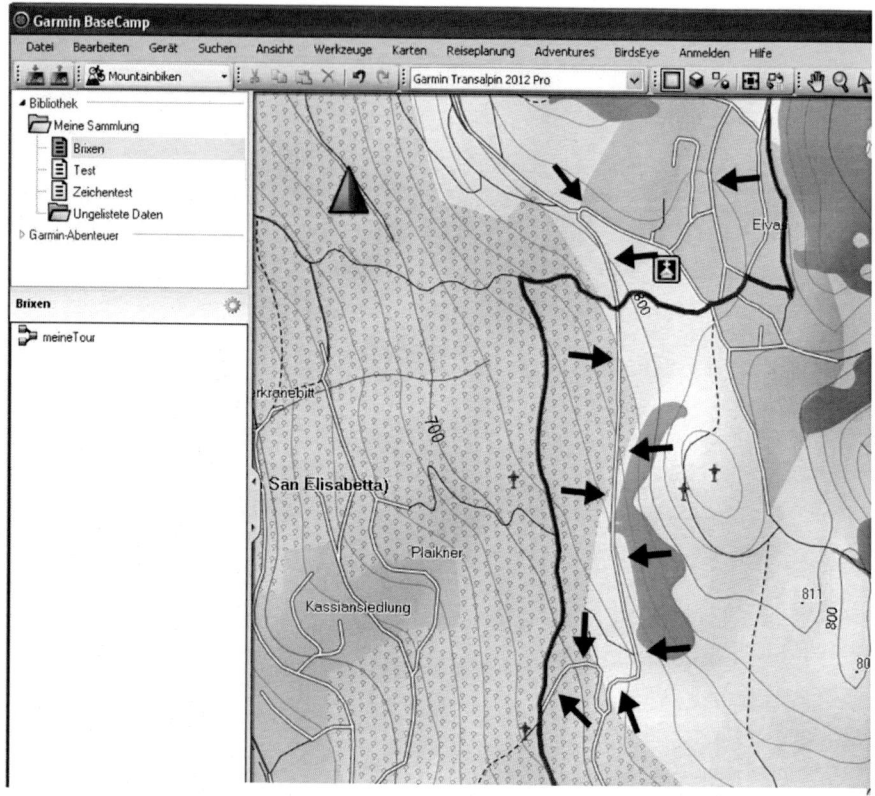

Abbildung 2-29 Zum Bergauffahren besser den breiteren Weg (Straße) nutzen

Im Bildbeispiel kann man sehen, dass sich die automatische Routenberechnung zwar an die Vorgabe gehalten hat, dass ich als MTBiker unterwegs bin und somit Straßen meiden möchte. Allerdings sieht es meine Tour vor, dass ich mich an dieser Stelle bergauf bewege. So verzichte ich freiwillig auf den vorgeschlagenen Weg im Gelände, bei dem ich auf 1 km losem Untergrund 100 Hm überwinden muss. Ich bevorzuge dann doch lieber die sich nebenher schlängelnde Straße zur Auffahrt, da die Tour sicher noch ganz andere Herausforderungen bereithält.

Für solche kleinen <u>Abänderungen</u> können Sie das ✏ „Einfügen"-Werkzeug gut nutzen, um damit auf Ihre gewünschte Straße zu klicken. Es ist möglich, dass Sie 2 Klicks (einen am Anfang und einen am Ende der Änderung) setzen müssen, damit BaseCamp Ihren Vorschlag korrekt übernimmt.

➔ Befinden Sie sich so weit in der Kartenansicht wie im Bild, kann es sein dass Sie Schwierigkeiten haben, das „Einfügen"-Werkzeug zu aktivieren. Zoomen Sie dazu wieder eine Kleinigkeit aus der Karte heraus, so dass Sie die dicke schwarze Linie bemerken, wenn Sie mit dem „Einfügen"-Werkzeug auf den Abschnitt der Route zeigen. Erst dann können Sie einen linken Mausklick setzen, um ein Zwischenziel einzufügen und klicken dann nochmals mit dem Stift genau auf den gewünschten Weg, um die Änderung auszulösen.

Ein Objekt können Sie nur dann mit den Werkzeugen bearbeiten, wenn Sie es zuvor in der Objektliste angewählt haben (mit linker Maustaste einmal anklicken).⬅

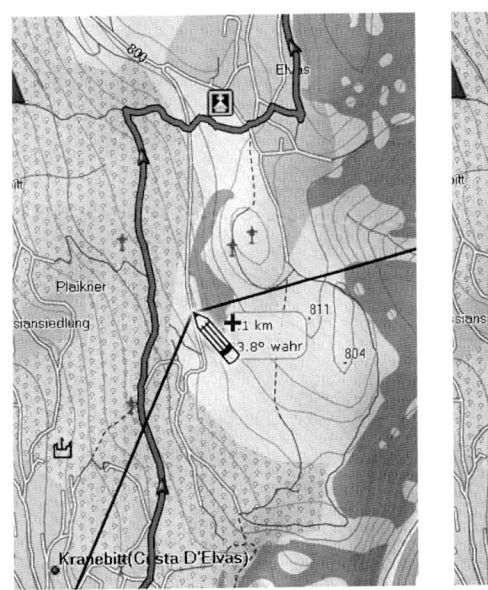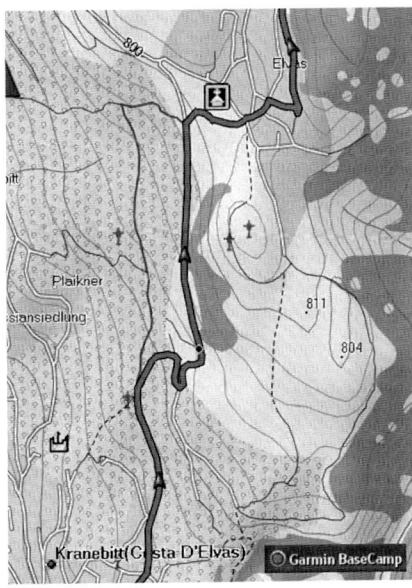

Abbildung 2-30 Kleine Teile der Route abändern, rechtes Bild: abgeänderte Route

Aktivieren Sie das ✋ „Verschieben"-Werkzeug, um sich nun so die Tour Stück für Stück genau anzusehen, auf welchen Wegen der Routenvorschlag verläuft.

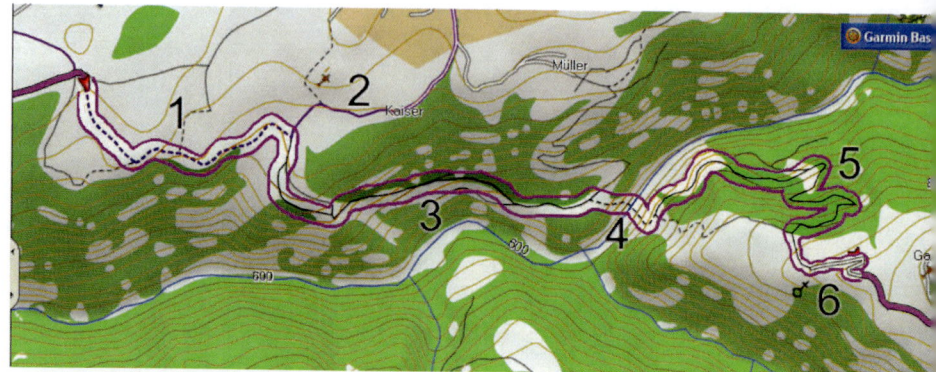

Abbildung 2-31 Wegmarkierungen

Die topografischen Produkte von Garmin werden mit fortschreitendem Zeitalter immer detaillierter. So sind in den neuesten Karten aus der Reihe der Aktivrouting-fähigen Produkte (seit der Garmin Transalpin 2012 Pro, Topo Deutschland. 2012 Pro, ...)

Verschiedene Wegmarkierungen

erfasst, aus denen man für die Tourenplanung wertvolle Informationen herauslesen kann.

Hat man das „Mountainbiken"-Profil ausgewählt, kann man sich auf die violette Färbung der Linien insoweit verlassen, dass sie die für das MTB besser geeigneten Wege zeigen.

Linienabschnitt 1:

Eine violett gestrichelte Linie setzt auf alle Fälle eine gut ausgeprägte Fahrtechnik voraus. Achten Sie bei solchen Teilstücken auf den Verlauf der Höhenlinien. Verlaufen diese parallel zum Weg mag es sogar gut fahrbar sein. Kreuzt man hingegen Höhenlinien bergauf, wird man sein Bike sicher schieben müssen.

Linienabschnitt 4:
Verläuft die gestrichelte Wegmarkierung senkrecht zu den Höhenlinien, z.b. bergab, dann dürften sich nur wahre Downhiller freuen. Denn über nasse Wurzeln und Felskanten werden die meisten ihr Bike wohl besser tragen.

Linienabschnitt 2:
Violette, durchgezogene Linien stellen für Touren-MTBiker das Optimum dar. Diese Wege sollten meist breite bzw. beliebte Wanderwege und daher fahrtechnisch einfach sein.

Linienabschnitte 3, 4 und 5:
Bei durchgezogenen oder sogar gestrichelten, schwarzen Linien - trotz ausgewähltem MTB-Profil – sollten Sie sehr wachsam sein. Die normale schwarze Färbung weist auf einen Weg hin. Welche Beschaffenheit dieser hat, kann daraus schlecht geschlussfolgert werden. Dadurch, dass trotz ausgewähltem MTB-Profil sich dieser nicht violett färbt, ist es auf alle Fälle schon mal keine interessante Bikestrecke und es wird sich vermutlich um einen Pfad mit schlecht befahrbarem Untergrund handeln. Wenn sich dieser sogar noch bergauf über mehrere Höhenlinien schlängelt, wie bei Abschnitt 4 und 5, dann würde ich definitiv einen anderen Weg wählen. Würde man sich auf solchen Wegen bergab bewegen und das auch nur ein paar 100 Meter, so ist es gerade noch hinnehmbar oder vielleicht sogar fahrbar.

Eine weitere Hilfe ist dabei auch die Grafik des Höhenprofils. Wenn Sie mit dem Mauszeiger über die Höhenlinie fahren, erscheint irgendwann auch das Männchen in der Karte auf dem Teil, der uns in seiner Fahrbarkeit sowieso schon sehr fraglich

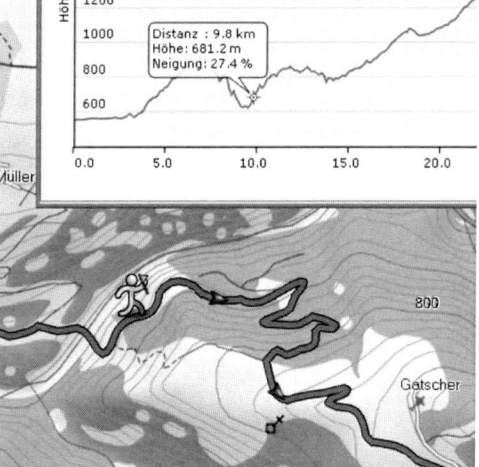

erschien. Wenn Sie nun sehen, welche Neigung diese Position im Höhenprofil anzeigt, also 27,4%, so sind Sie sich spätestens jetzt sicher, dass Sie dieses Teilstück nicht befahren wollen.

Linienabschnitt 6:

Markierungen mit zwei Linien nebeneinander weisen auf eine Straße hin. Hier müssen Sie sich also keinerlei Gedanken um die Fahrbarkeit mit dem MTB machen. Dann schon eher darum, ob es eine stark frequentierte Straße ist und Sie aus dem Grund diese meiden möchten.

Am besten ist es natürlich, wenn man sich die fraglichen Teilstücke in einer zweiten Karte ansehen kann. Dazu nutze ich gern am PC die elektronischen Karten der KOMPASS-Karten GmbH. Die „KOMPASS Digital Map 3D"-Karten installieren sich am PC ebenfalls mit einer Software, in denen man Tracks und Wegpunkte erstellen sowie bearbeiten kann. Die KOMPASS-Karten liefern ein sehr übersichtliches Kartenbild und heben Wanderwege, Rad- und MTB-Wege sowie Skitouren farblich hervor. Es gibt sie für die gängigsten Urlaubs- und Freizeitgebiete (z.B. „Über die Alpen") und sie stehen in einem sehr guten Preis-Leistungsverhältnis. Hier kann man schon fast mit 100%-iger Sicherheit sagen:

- dass eine durchgezogene rote Linie einen für das MTB meist leicht fahrbaren Weg darstellt,
- dass rot gestrichelte Linien für den typischen Touren-MTBiker meist keine fahrbaren Wege sind. Hier ist mit schlechtem Untergrund und sehr schmalen, ausgesetzten Wegen zu rechnen. Nur in Ausnahmefällen sind diese Wege genüsslich fahrbar, z.B. wenn sich der Weg auf gleichbleibender Höhe ent-langschlängelt (wie über Almwiesen) oder man ihn auf kurzen Teilen bergab passiert

und

- dass man auf rot gepunktete Linien sein Bike nicht nur tragen, sondern eher schon auf den Rücken schnallen muss, da es sich hierbei um Klettersteige handelt.

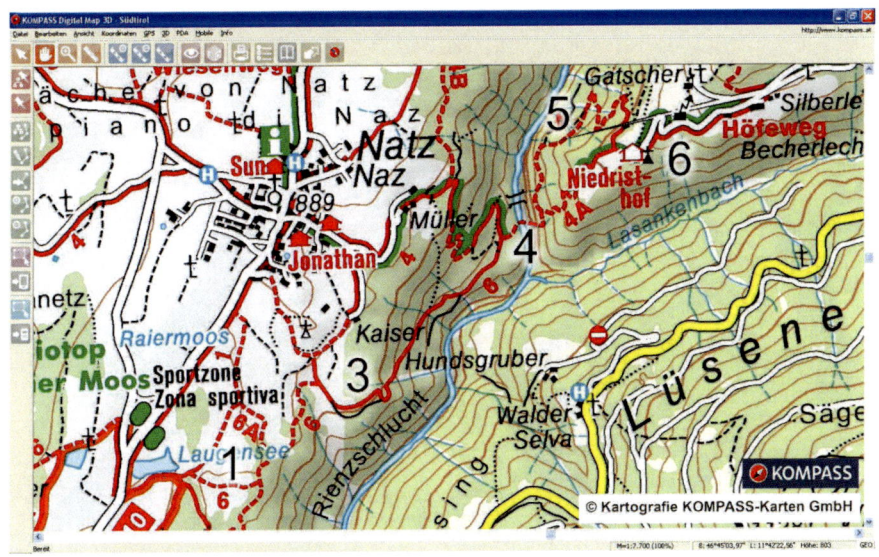

Abbildung 2-33   Wegmarkierungen in der KOMPASS Digital Map 3D

Sehen wir uns also unseren in Garmin BaseCamp geplanten Track, speziell das Teilstück bei dem wir die Fahrbarkeit bezweifelten, in der genordeten KOMPASS-Karte an und vergleichen ihn mit der Abbildung auf Seite 2-74. Der gestrichelte Teil bei Position 1 zeigt uns auch in dieser Karte einen eher nicht fahrbaren Wanderweg an. Bei Position 3, auf der durchgezogenen roten Linie, werden wir mit dem MTB wohl wieder ein Stück fahren können, aber die Teile 4 und 5 werden sich mit Sicherheit zur absoluten Plackerei entpuppen.

➜ Um eine geplante Route in einer anderen Software zu öffnen, sollten Sie diese zuvor auf jeden Fall zu einem Track umwandeln, damit dieser eben nicht verändert wird. Dateiformat: GPX ⬅

Man dürfte es derzeit noch unter den Begriff „Kunst" stellen, am PC eine Tour zu entwerfen, die auf Ihre speziellsten Wünsche abgestimmt ist. Mein Partner und ich bevorzugen lange Touren im Gelände zu fahren, auf denen wir viel Landschaft erleben können. Dazu muss also ein großer Teil zügig fahrbar sein. Doch möchten wir uns nicht nur auf breiten Forststraßen bewegen. Es darf also auch mal technisch anspruchsvoll werden. Auf keinen Fall möchten wir jedoch das Bike länger schieben müssen. Daraus die perfekte und fahrbare Mischung zu finden, nimmt bei der Planung Zeit in Anspruch. Doch je genauer man bei der Planung hinsieht, desto perfekter wird dann die Tour in der Realität werden.

Straße, Forstweg, Singletrail oder Pilze samme

Route erweitern

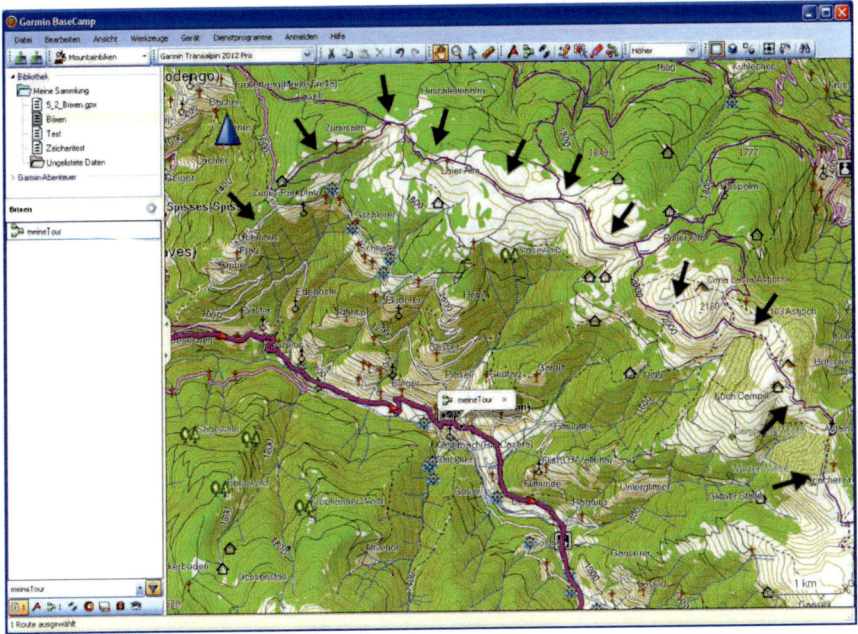

Abbildung 2-34 In der Karte nach einer besseren Streckenführung suchen.

Bei naherer Betrachtung der Streckenführung fällt nun in der Garmin Topo Transalpin 2012 Pro auf, dass sich unweit der vorgeschlagenen Route ein herrlicher Höhenweg von einer Alm zur nächsten Alm zieht, die noch dazu als violette durchgehende Linie signalisiert, dass dies ein gigantisch schöner MTB-Weg sein müsste.

Den ersten Routenvorschlag lassen wir erst einmal so in unserer „Brixen"-Liste liegen, da wir noch nicht wissen was am Ende der nächsten Zeichnung herauskommt.

Aktivieren Sie nun das „Neue Route"-Werkzeug neu, um eine neue Route zu beginnen. Schließen Sie das sofort auftauchende kleine Dialogfenster, was wieder nach Start- und Zielpunkt fragt. Setzen Sie den ersten Mausklick an den Abzweig von der bestehenden Route und Ihrem neu entdeckten Weg. Klicken Sie dann mit dem Stift-Mauszeiger in solchen Abständen auf Ihrem gewünschten Weg entlang, dass die

Software keine Möglichkeit hat, sich für einen anderen Weg zu entscheiden (Schritt 1-9).

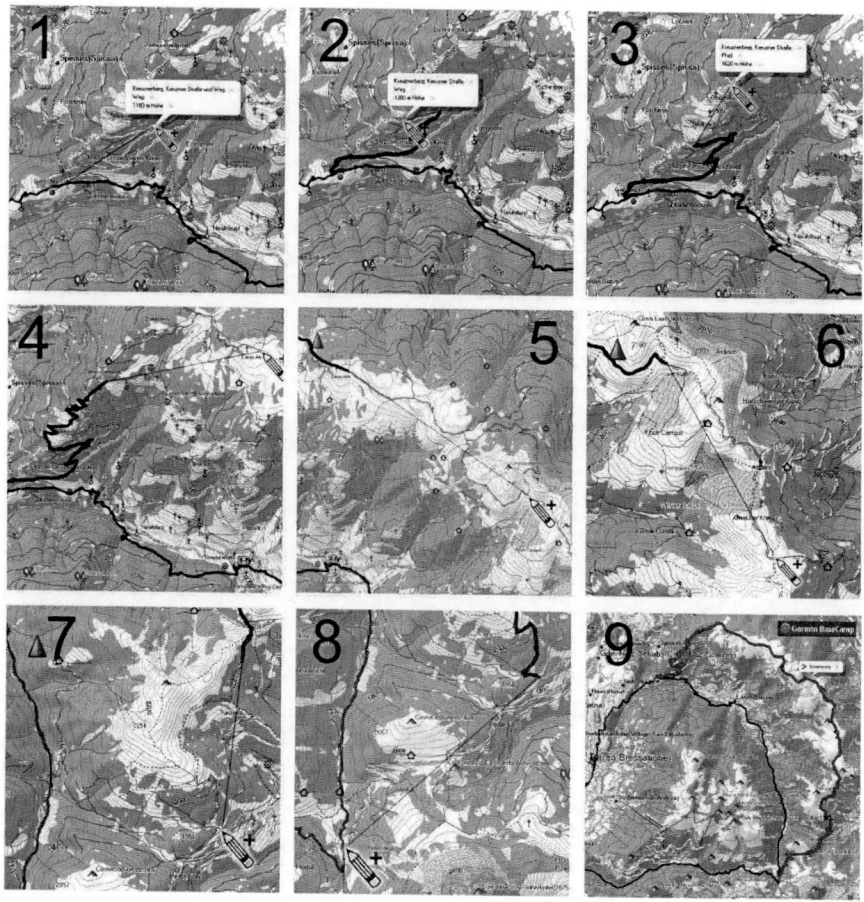

Abbildung 2-35 Route auf einem bestimmten Weg entlangzeichnen

Dort wo viele Wege in der Karte erfasst sind (Schritt 1-4), müssen Sie in engeren Abständen die Zwischenziele mit Ihrem Mausklick setzen. Während am Gebirgskamm, wo weniger Wege abzweigen (Schritt 5-8), können Sie die Mausklicks in größeren Abständen setzen. Mit dem ↰ „Rückgängig"-Werkzeug können Sie jeden „falsch" gesetzten Mausklick sofort nach dem Klick wieder rückgängig machen. Ist alles nach Ihren Wünschen erstellt, und möchten Sie die Tour mit der zuletzt gezeichneten Erweiterung abfahren/-gehen, so müssen wir nun die ursprüngliche Route aufteilen und die Erweiterung einfügen.

Track aus Route erstellen.

Damit diese zwei gezeichneten Routen bei jeder weiteren Bearbeitung in Ihrer Streckenführung auch unverändert bleiben, sollten diese zu allererst in je einen Track umgewandelt werden. Klicken Sie also die erste Route in der Objektliste mit einem rechten Mausklick an und wählen Sie aus dem Kontextmenü „Track aus ausgewählter Route erstellen". Tun Sie dies auch mit der Erweiterungsroute, die wir als zweites gezeichnet hatten. Haben Sie

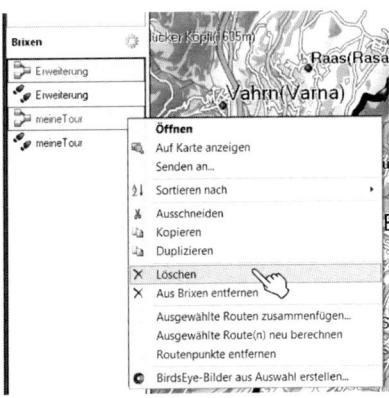

Abbildung 2-36 mehrere Objekte gleichzeitig löschen

die zwei neuen Tracks hinzugewonnen, können Sie die originalen Routen löschen (beide Objektlisteneinträge markieren > rechter Mausklick > „Löschen").

Teilen und Zusammenfügen

Aus dem zuerst gezeichneten Track müssen wir nun ein Teilstück herausschneiden, damit wir an genau dieser Stelle die gezeichnete Erweiterung einfügen können.
Markieren Sie dazu den ersten Track in der Objektliste mit einem linken Mausklick. Aktivieren Sie dann das Teilen"-Werkzeug in der Symbolleiste der Bearbeitungsfunktionen.

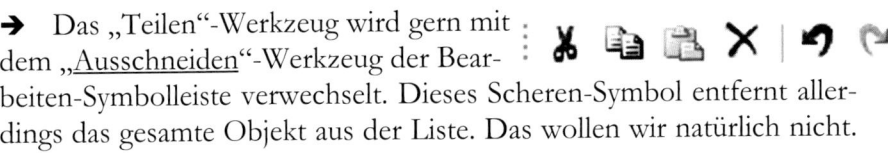

→ Das „Teilen"-Werkzeug wird gern mit dem „Ausschneiden"-Werkzeug der Bearbeiten-Symbolleiste verwechselt. Dieses Scheren-Symbol entfernt allerdings das gesamte Objekt aus der Liste. Das wollen wir natürlich nicht. ←

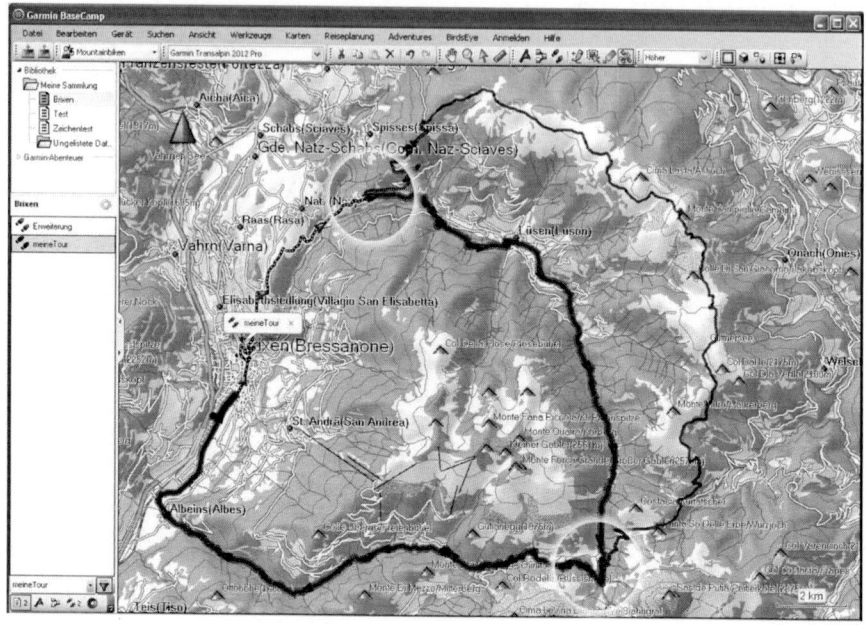

Abbildung 2-37 Track zerteilen

Führen Sie das „Teilen"-Werkzeug an die Stelle des aufzutrennenden Tracks, wo der Erweiterungstrack weiterführen soll, und klicken Sie dort einmal mit der linken Maustaste. Somit erscheint ein weiterer Track in Ihrer Objektliste, nämlich „Track" - der soeben abgeschnittene Streckenteil. Führen Sie dann den zur Schere verwandelten Mauszeiger zu der zweiten Anschlussstelle, um dort den Track auch noch einmal aufzutrennen. Und siehe da, in der Objektliste gesellt sich nun noch „Track 001" hinzu. Die abgeschnittenen Trackteile werden also automatisch durchnummeriert. Beobachten Sie die Objektliste während Ihres Mausklicks, um festzustellen wie der jeweils neu entstandene Trackteil benannt wird, da wir diesen im nächsten Schritt mit anderen Trackteilen wieder zusammenfügen möchten.

Zum Zusammenfügen der gewünschten Trackteile markieren Sie nun in der Objektliste unter Zuhilfenahme der „Strg"-Taste alle Tracks mit der linken Taste. Klicken Sie dann mit der rechten Maustaste auf die

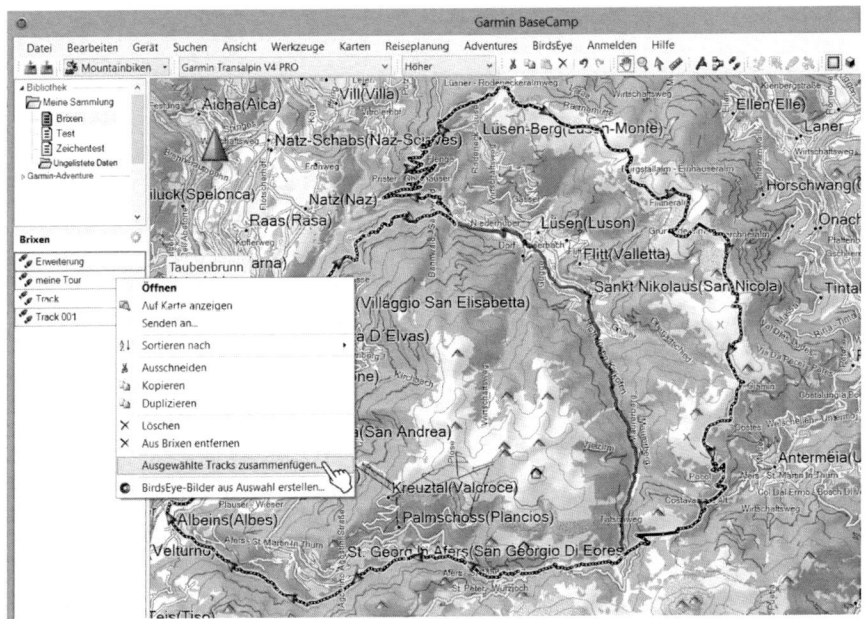

Abbildung 2-38 Ausgewählte Tracks zusammenfügen

Markierung und wählen aus dessen Kontextmenü „Ausgewählte Tracks zusammenfügen…".

Es öffnet sich ein kleines Dialogfenster, in dem Sie nun die Trackteile in ihrer <u>Reihenfolge</u> korrekt anordnen können. Wenn Sie sich nicht mehr sicher sind, welcher Trackteil welche Bezeichnung hat, so klicken Sie einfach einen Eintrag in dem kleinen Fenster an. Dieser wird daraufhin in der Karte orange hervorgehoben. So können sie das angewählte Teilstück mit den Pfeilen am linken Fensterrand des kleinen Dialogfensters in seiner Anordnung nach oben (eine Position vor) oder nach unten (eine Position nach hinten) verschieben. Mit dem Symbol eines sich drehenden Pfeils können Sie das im Fenster markierte Teilstück auch in seiner Richtung umkehren. In unserer jetzigen Situation,

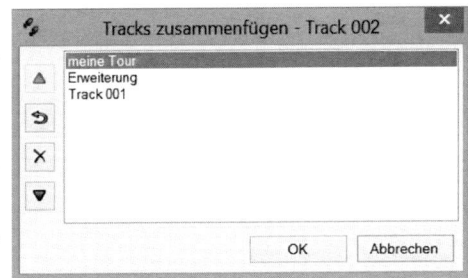

Abbildung 2-39 Trackteile in ihrer Reihenfolge anordnen

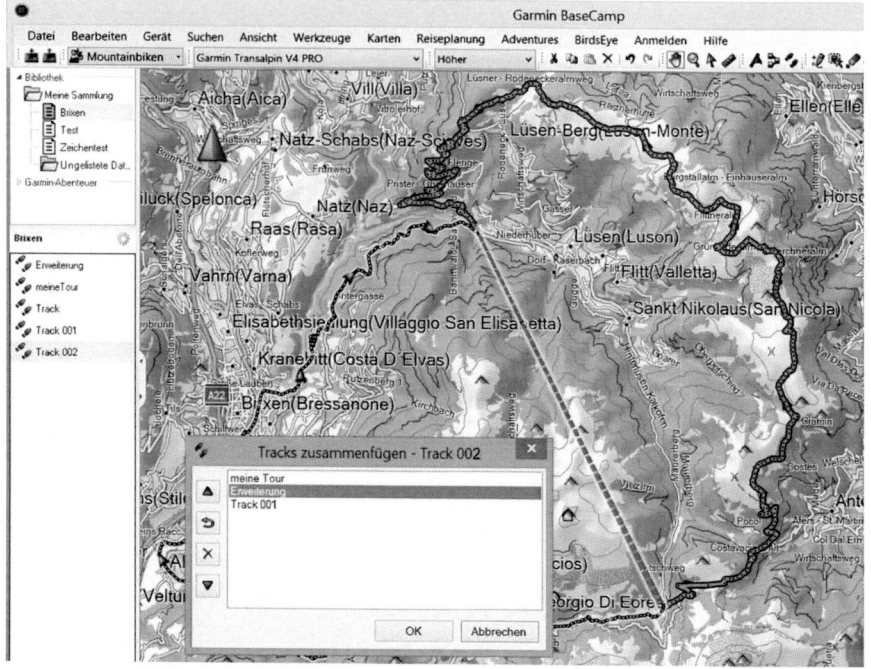

Abbildung 2-40
Tracks in gleicher Fahrtrichtung zusammenfügen oder umkehren

wo wir die Erweiterung in der richtigen Richtung gezeichnet haben, ist das nicht von Interesse.

Mit dem typischen Entfernen-Symbol könnten Sie auch versehentlich angewählte Trackteile aus Ihrer Zusammenfügen-Auswahl entfernen.

→ Wenn Sie jedoch später einmal einige Streckenteile mehr in BaseCamp vorbereitet haben, werden Sie auch spontan Tracks miteinander verbinden wollen, die dann nicht immer in gleicher Richtung vorliegen. So werden Sie beim Öffnen des kleinen Dialogfensters im Kartenhintergrund solch verwirrende Luftlinien wie im Bild erblicken. Überprüfen Sie dann also zuerst, ob alle Streckenteile in der richtigen Reihenfolge angeordnet sind und ob sie die gleiche Fahrtrichtung aufweisen. Falls nicht, ändern Sie dies im „Track zusammenfügen"-Fenster durch Anwahl des entsprechenden Eintrages und des kleinen Buttons am linken Fensterrand.

Die „Teilen"- und „Zusammenfügen"-Aktion können Sie im Übrigen natürlich auch mit Routen bewerkstelligen. Jedoch wird nach dem Zusammenfügen von Routen, die Route natürlich von BaseCamp neu berechnet, wodurch es zu unbeabsichtigten Veränderungen kommen kann.⬅

In meinem Beispiel habe ich die Teile „meine Tour", „Erweiterung" und „Track 001" zu der endgültigen Runde zusammengefügt. Diese tauchte dann mit dem automatischen Namen „Track 002" in der Objektliste auf. Also ist es hilfreich diesen Track gleich ordentlich zu benennen und auch die gewünschte Linienfarbe auszuwählen (rechter Mausklick auf den Eintrag > „Öffnen" oder doppelter linker Mausklick auf den Eintrag).

Das herausgeschnittene Teilstück können Sie aus der Liste und aus der BaseCamp-Software „löschen".

Streckenverlauf anhand des Höhenprofils beurteilen

Sehen Sie sich in den geöffneten Trackeigenschaften nun auch gleichzeitig die Übersichtswerte und die Höheninformationen an und beurteilen Sie selbst, ob die Länge der erstellten Tour mit den gesamten Aufstiegsmetern in der von Ihnen geplanten Zeit zu schaffen ist. Falls nicht, könnten Sie den Track in 2 Tages-Etappen aufteilen (✂).

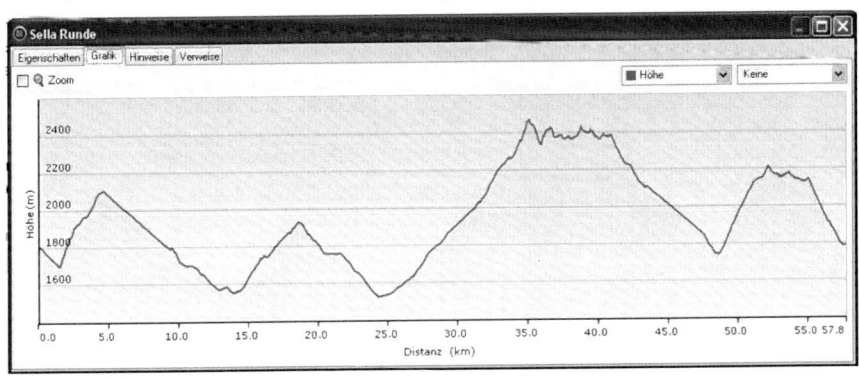

Abbildung 2-41 Anhand des Höhenprofils die Fahrrichtung festlegen

Wählen Sie den Registerkartenreiter „Grafik". Hier stellen Sie nun in der Gesamtheit eventuell fest, dass die Mehrheit der Anstiege in dieser Fahrtrichtung (von links nach rechts) eher steiler ist, als wenn Sie den

Track in umgekehrter Richtung abfahren würden. Auch der lange Anstieg zum dritten Gipfel würde in umgekehrter Fahrtrichtung nicht in dieser Gewaltigkeit zum Tragen kommen.

Zeigen Sie mit dem Mauszeiger auf kritische Stellen der Höhenlinie, um die Neigung zu erfahren. Anhand dessen können Sie ebenfalls beurteilen, ob es Sinn macht die Fahrtrichtung umzukehren. Denn bergab lässt sich das Bike wesentlich leichter tragen, als bergauf, bzw. können 21,8 % bergab noch eher gefahren werden, als 21,8 % auf losem Untergrund bergauf.

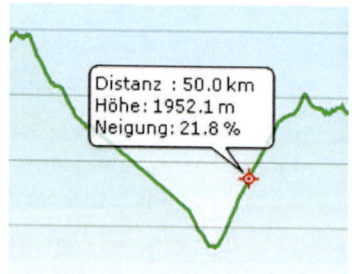

Abbildung 2-42 Kritische Stellen im Höhenprofil beurteilen

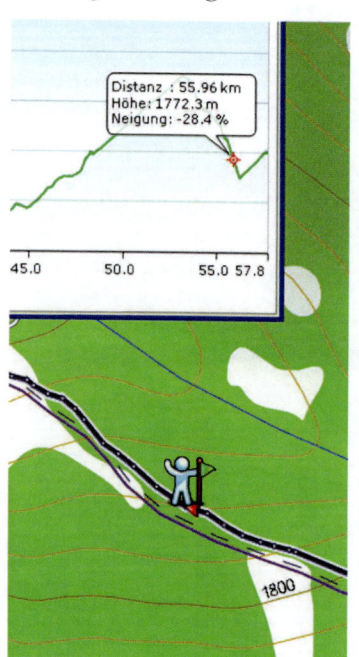

Schieben Sie sich das Eigenschaften-Fenster so zur Seite, dass Sie den Punkt auch in der Karte gezeigt bekommen. In meinem Beispiel sehe ich, dass sich meine Tracklinie auf einem durchgezogenen violetten MTB-Weg entlangschlängelt. Mit 28,4 % Gefälle führt dieser zwar sehr steil hinab, doch kann man von einem breiteren Forstweg und somit einer guten Fahrbarkeit dieser Passage ausgehen. Würde ich hier nur eine violett gestrichelte Linie in der Karte vorfinden, so würde ich von einem verblockten Wanderweg ausgehen, der waghalsige Fahrmanöver erfordert.

Abbildung 2-43 Neigung im Höhenprofil und Wegmarkierung der Karte im Zusammenhang beurteilen

All diese Informationen aus den Höhendaten liefern deutliche Hinweise auf evtl. Schiebepassagen. Es ist also normal, dass Sie auf Grund dieser Details nun Ihre Tour noch einmal etwas abändern werden.

Denn sicher haben Sie eine Stelle gefunden, wo die automatische Routenberechnung den direkten Wanderweg gewählt hat, Sie sich jedoch ganz klar für den ein wenig längeren aber nicht gar so steilen Forstweg entscheiden würden, wie im unteren Bild.

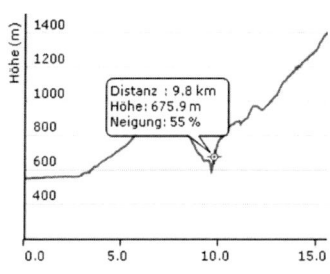

Abbildung 2-44
Kritische Stelle im Höhenprofil und Karte betrachten

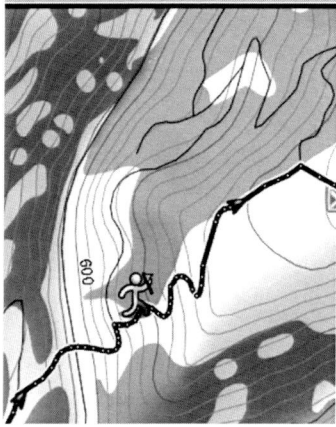

Trackpunkte einfügen oder verschieben

Zum Abändern kleiner Umfahrungen verwenden Sie das ⚙ „Einfügen"- Werkzeug, welches Sie ja bereits aus der Übung des Abänderns von Routen kennen. Dieses Mal fügen wir mit dem gleichen Werkzeug allerdings Trackpunkte in einen Track ein. Wählen Sie das „Einfügen"- Werkzeug aus der Symbolleiste „Bearbeitungsfunktionen" aus und klicken Sie damit zwischen den letzten korrekten und den ersten unerwünschten Trackpunkt (siehe nächste Abbildung). Setzen Sie jeden weiteren Mausklick auf dem Weg entlang, den Sie nun als Umfahrung einfügen möchten. Die Reihenfolge der Mausklicks sollte dann natürlich in Fahrtrichtung erfolgen. Dabei bleibt immer eine Luftlinie zu dem ersten nicht mehr erwünschten Punkt an Ihrem Zeichenstift hängen. Davon dürfen Sie sich nicht irritieren lassen.

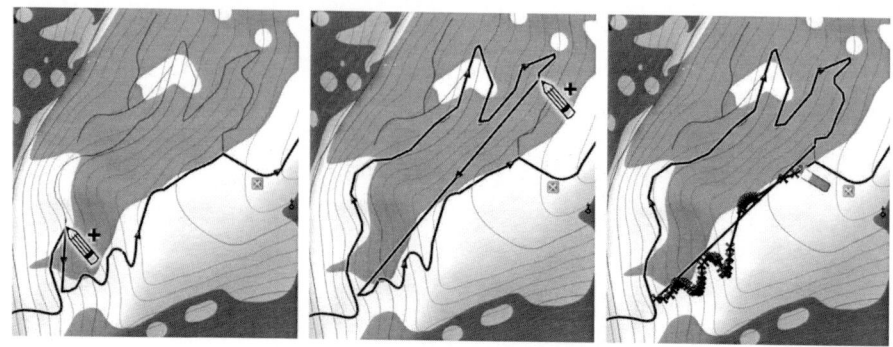

Abbildung 2-45 Trackpunkte einfügen und löschen

Haben Sie nun die Tracklinie Ihrer Umfahrung fertig gezeichnet, so wählen Sie jetzt den Radiergummi – das „Löschen"-Werkzeug – aus der „Bearbeitungsfunktionen"-Symbolleiste. Sie könnten nun damit jeden der Trackpunkte auf dem unerwünschten Direktweg anklicken und somit aus dem Track herauslöschen. Aber Sie können auch alle überflüssigen Wegpunkte mit einem Mal löschen. Klicken Sie dazu mit dem zum Radiergummi verwandelten Mauszeiger mit einem linken Mausklick auf den ersten unerwünschten Trackpunkt und halten Sie die Taste gedrückt, während Sie die Maus auf der Tracklinie entlangführen. Somit werden alle weiteren unerwünschten Trackpunkte markiert. Lassen Sie am letzten unerwünschten Trackpunkt los. Und schon sieht Ihr veränderter Track wieder ordentlich aus.

Bei noch kleineren Abänderungen könnten Sie aber auch die Trackpunkte einzeln verschieben. Wählen Sie für diesen Zweck das „Punkt verschieben"-Werkzeug aus derselben Symbolleiste. Klicken Sie jeden Trackpunkt einzeln mit der linken Maustaste an und ziehen Sie diesen mit gehaltener Maustaste an die gewünschte Stelle.

Ist die Tour nach allen Abänderungen fertig gestellt, kann diese nun als einziges GPS-Objekt oder mit dazugehörigen Wegpunkten (als gesamte Liste) zum GPS-Gerät übertragen werden.

Touren aus markierten Wegen erstellen

Auch wenn das Zeichnen mit Hilfe der Routenfunktion schnell voran-geht, bekommt man mit der Suche nach markierten Wegen einen Hinweis auf beliebte Touren. Eine Übersicht aller markierten Wege Ihres Kartenproduktes finden Sie online unter:
www.garmin.de/activerouting

Erstellen Sie sich zuerst wieder eine eigene Liste für die folgende Übung. Benennen Sie die Liste z.B. „markierteWege". Rufen Sie dann eine topografische Garmin-Karte auf, wie die „Topo Deutschland 2012 Pro", „TransAlpin 2012 Pro" oder später erschienene topografische Kartenprodukte. Denn in Straßenkarten oder älteren topografischen Garmin-Karten ist die Suche nach markierten Wegen nicht möglich. Sie bekommen in dem Fall das Kategorie-Symbol des Wegweisers nicht angezeigt.

Wählen Sie noch das entsprechende Akti-vitätsprofil und star-ten Sie dann die Suche mit einem lin-ken Mausklick auf den Wegweiser-But-ton, so dass dieser umrandet dargestellt wird.

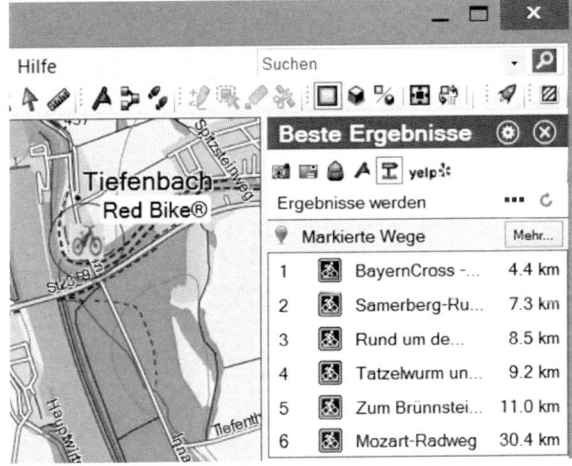

Abbildung 2-46
Markierte Wege suchen

Die Suche beginnt sofort und zeigt interessante oder offizielle Touren für das im Kartenfenster ausgewählte Gebiet an.

Klicken Sie hingegen auf den Button „Mehr" hinter „Markierte Wege", bekommen Sie weitere Tourenvorschläge auch außerhalb des momen-tanen Kartenfensters angezeigt.

Kennen Sie eine Tour oder einen Weg vom Namen her, wird es nun endlich Zeit, etwas in das obere „Suchen"-Eingabefeld einzutippen. „Via Claudia", „Panorama", „Adlerweg" oder „Alpenweg" können solche Schlagwörter sein, unter denen man in der Alpenregion wohl immer etwas finden sollte. Starten bzw. aktualisieren Sie Ihre Suchanfrage immer mit einem Mausklick auf den Lupe-Button.

Die Ergebnisliste füllt sich daraufhin mit Einträgen die den Wortlaut des eingegebenen Suchbegriffes beinhalten. Dahinter ist die Entfernung vom aktuellen Kartenmittelpunkt aus angegeben. Vor dem Eintrag wird ein Symbol angezeigt, welches die Aktivität darstellt, für die diese Tour empfohlen wird. Durch Doppelklick mit der linken Maustaste auf einen dieser Suchergebnisse wird diese Tour bzw. Weg in der Kartenmitte dargestellt.

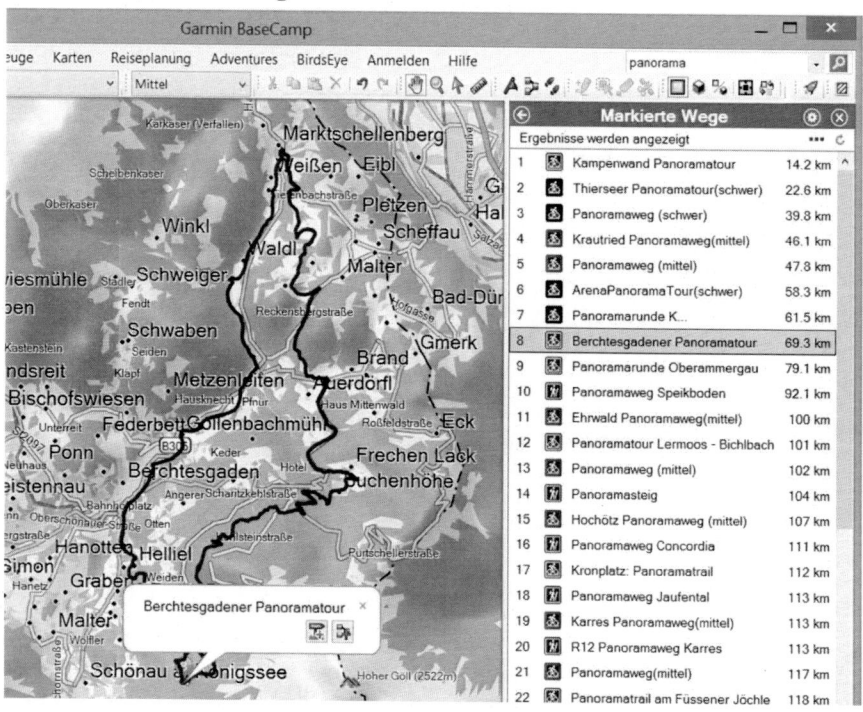

Abbildung 2-47   Aus markiertem Weg eine Route erstellen lassen

Möchten Sie nun diese Tour einfach übernehmen, so müssen Sie aus diesem Tourenvorschlag eine Route erstellen. Dazu klicken Sie einfach auf den 🖼 „Route aus markiertem Weg erstellen"-Button, der in der Textblase an der Tour im Kartenfenster erscheint.

➔ Dabei spielt nun die in BaseCamp ausgewählte Aktivität eine große Rolle. Denn dementsprechend wird aus dem „allgemeinen" Tourenvorschlag die Route an Ihre ausgewählte Aktivität angepasst. ←

Anhand meiner Auswahl „Mountainbiken" wird nun der für eine Radtour markierte Weg „Berchtesgadener Panoramatour" mit einigen Abweichung zur MTB-Route übernommen und erscheint als Routen-Element in meiner Objektliste links neben dem Kartenfenster. Die Abweichungen entstehen dadurch, dass sich nun mal unbefestigte Wege im Lauf der Zeit verändern. Wenn der markierte Weg z.B. 2010 in die Software eingearbeitet wurde, nun aber 2015 in der TransAlpin-Karte wesentlich mehr und bessere MTB-Wege erfasst sind, so möchte die BaseCamp-Software natürlich den für das MTB besseren Weg zeigen.

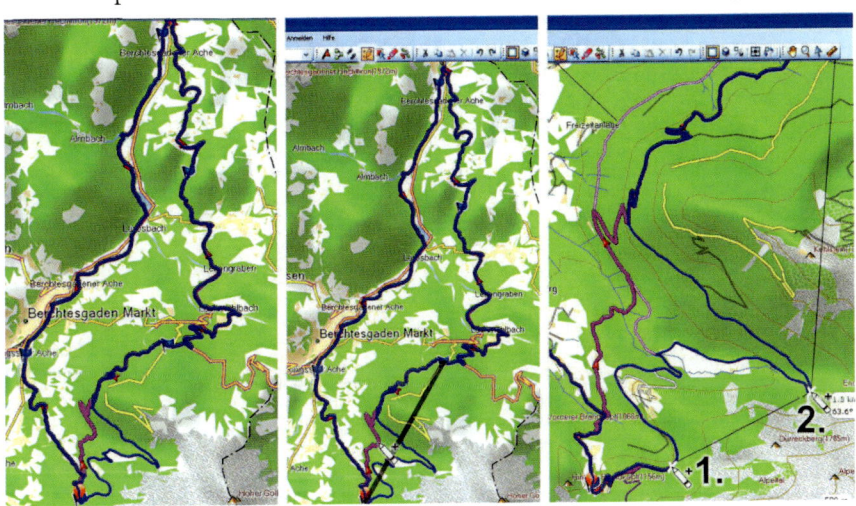

Abbildung 2-48 "Markierten Weg" als Route übernehmen und nachbearbeiten

Solche durch die Übernahme entstandenen Abweichungen (magenta-farbenes Teilstück) können aber trotzdem anschließend mit dem Werkzeug 🖉 „Punkt einfügen" an die vorgeschlagene blaue Linie des ursprünglich markierten Weges angepasst werden. Sie erinnern sich noch an das Zeichnen einer Route bzw. das nachträgliche Hinzufügen von Punkten?

Der ausgewählten Route den markierten Weg hinzufügen

Aber Sie können auch dieser übernommenen (oder einer von Ihnen selbst erstellten) Route einen „Markierten Weg" als weiteres Teilstück hinzufügen. Verständlich wird diese Funktion wohl am besten bei einer längeren Tour, wie z.B. einer Transalp:

Tippen Sie bei Verwendung der Topo TransAlpin-Karte als Suchbegriff „Transalp" in das Eingabefeld und starten Sie die Suche mit dem ⚲ Lupe-Button. Suchen Sie sich dann eine Transalp-Etappe aus den angezeigten Such-Ergebnissen aus. Klicken Sie diese doppelt in der „Beste Ergebnisse"-Spalte an, so dass die Strecke im Kartenfenster zentriert dargestellt wird und sich eine Textblase öffnet, in der Sie den kleinen Button „Route aus markiertem Weg erstellen" finden. Klicken Sie diesen an, um z.B. die Strecke „Vinschgau Transalp Light Mals-Neumarkt 2/3" als Route in Ihre Objektliste zu übernehmen. Korrigieren Sie die übernommene Route mit dem „Punkt einfügen"-Werkzeug, wenn nötig.

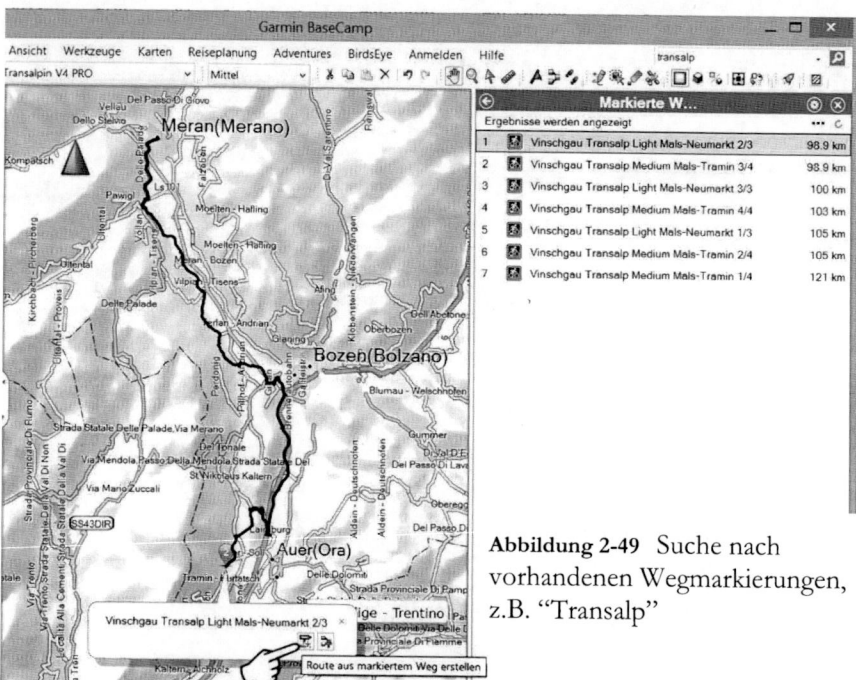

Abbildung 2-49 Suche nach vorhandenen Wegmarkierungen, z.B. "Transalp"

Schritt 2 – Nun möchten wir wissen, welche weiteren markierten Wege sich in der Nähe der Route befinden. Diese Suche können Sie wie inzwischen gewohnt wieder mit dem 🔍 Lupe-Button starten, ohne einen Suchbegriff einzugeben. Achten Sie dabei darauf, dass sich die ausgewählte Route in der Kartenfenster-Mitte befindet.

Oder geben Sie eine Ortsbezeichnung als Suchbegriff ein (z.B. „Bozen"- also einen Ort der direkt an der Route liegt), um nach einem markierten Weg zu suchen, den Sie in einer gewissen Region vermuten.

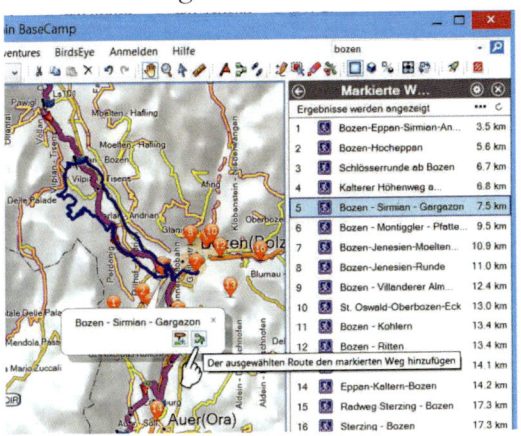

Klicken Sie die Suchergebnisse einmal mit der linken Maustaste an, um sich diese Wege in der Karte zeigen zu lassen. Es erscheint auch hier wieder die Textblase an der Tour, bei der Sie nun bitte den Button „Der ausgewählten Route den markierten Weg hinzufügen" 🔲 auswählen.

Abbildung 2-50 Markierten Weg in bestehende Route einbinden

BaseCamp verlegt nun die ursprüngliche Route auf das kürzere Teilstück der neuen Tour. Möchte man allerdings den größeren Teil der „Bozen-Sirmian…"-Runde einfügen, nimmt man wieder das „Punkt einfügen"-Werkzeug zu Hilfe und setzt damit ein oder mehrere Maus-

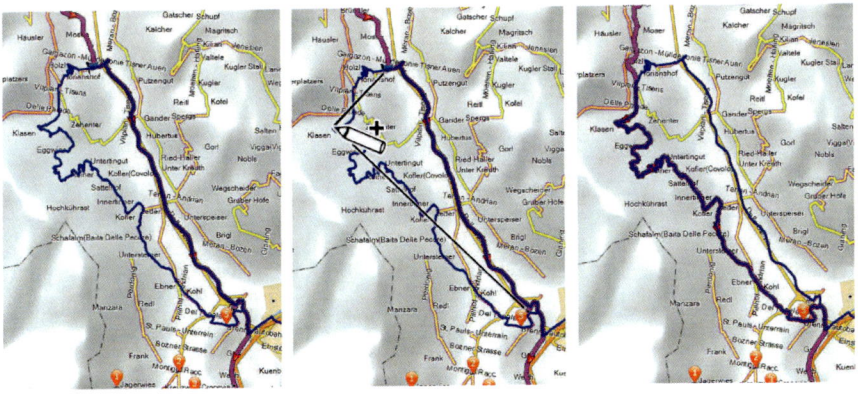

Abbildung 2-51 Mit "Punkt einfügen"-Werkzeug nachhelfen

klicks auf der anderen Seite der neuen Tour entlang. So kann man das neue Teilstück auf der ursprünglichen Transalp-Route einbauen.

➜Und was machen wir am Ende der Tourenplanung – Ganz wichtig? Richtig, wir wandeln die Route wieder zu einem Track um. Denn der rechte Mausklick auf den Routeneintrag in der Objektliste > „Track aus ausgewählter Route erstellen" tut uns nicht weh, bringt uns aber die Sicherheit, dass diese Tour für immer so bleibt wie wir sie jetzt ausgearbeitet haben. ←

Tipps und Tricks

Wenn die Tour größer als der PC-Monitor ist

Wenn Sie eine Tour erstellen wollen, die Sie am PC-Monitor überhaupt nicht überblicken können, so nutzen Sie hier die ursprüngliche Track-Zeichenmethode. Aktivieren Sie das 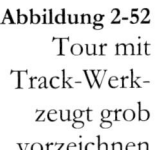„Neuer Track"-Werkzeug und setzen Sie sich nur ganz wenige Punkte so in die Karte, dass Ihnen die langen Luftlinien die grobe Richtung Ihrer Strecke zeigen.

Abbildung 2-52
Tour mit
Track-Werk-
zeugt grob
vorzeichnen

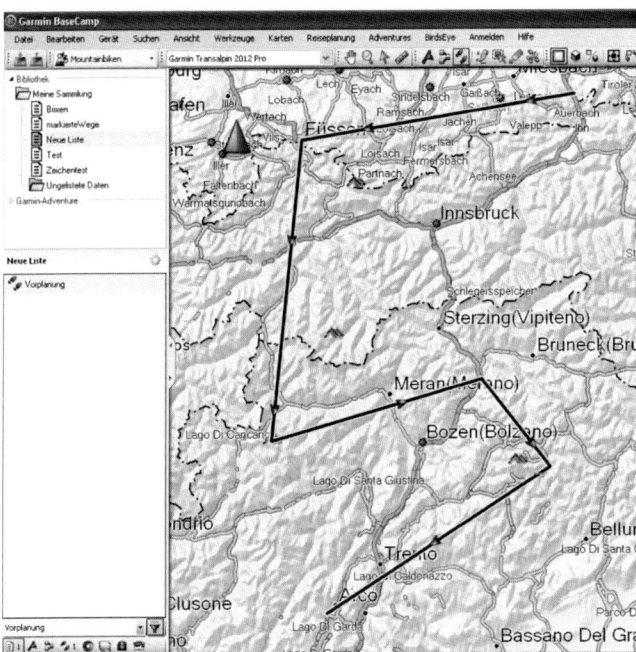

Im 2. Schritt kann dann die eigentliche Tour gezeichnet werden. Dabei können Sie nun soweit in die Karte hineinzoomen, dass Sie die Weg-markierungen gut erkennen können. Ihre Luftlinie zeigt Ihnen nun stets die Richtung, auch wenn sich das nächste Ziel außerhalb des Bildschirms befindet (Abb.2-53).

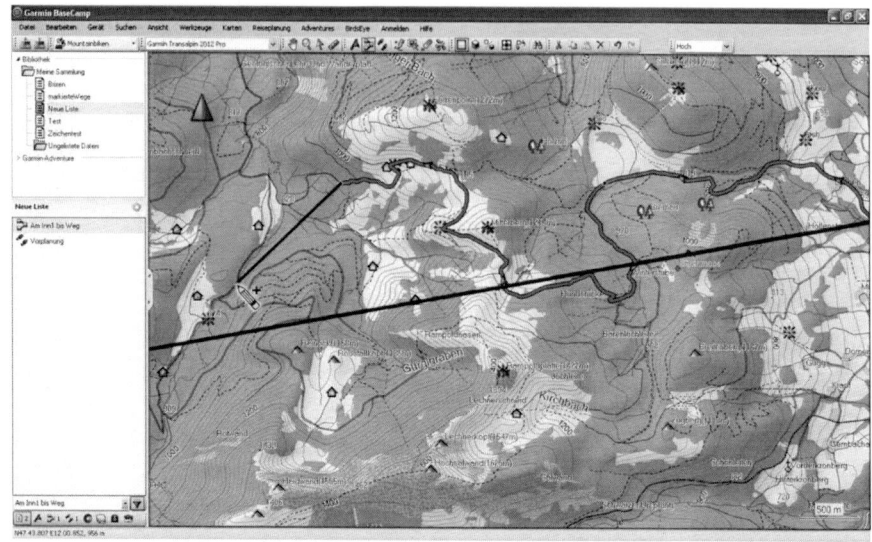

Abbildung 2-53 Die Luftlinie dient nun zur Orientierung beim Zeichnen

Die Tour als Route oder Track zeichnen?

Es ist Ihnen überlassen mit welchem Werkzeug Sie Ihre Tour zeichnen. Eine Route lässt sich allerdings wesentlich schneller zeichnen als ein Track, da bei einer Route ja die Software den Weg zwischen den gesetzten Mausklicks errechnet. Während man beim Zeichnen eines Tracks die Mausklicks so genau setzen muss, dass die entstehende Linie den Wegverlauf wiedergibt. Zwischen den Mausklicks errechnet dabei keine Software den Weg.

1. Nutzen Sie das „Neue Route"-Werkzeug, um eine Tour zu planen bzw. zu zeichnen.
2. Sind Sie mit dem Entwurf der Route fertig, können Sie sich die Abbiegehinweise ausdrucken, welche nach dem Umwandeln zu einem Track eben nicht mehr vorhanden sind. Wurde die Route aus Wegpunkten erstellt, erscheinen diese ebenfalls auf dem Ausdruck der Wegbeschreibung.
3. Am Ende wandeln Sie die Route zu einem Track um, damit dieser im GPS-Gerät und überall sonst unverändert angezeigt wird.

→ Wandeln Sie ihre als Route gezeichnete Tour immer zu einem Track um, bevor Sie diese an Ihr GPS-Gerät senden. Da eine Route nach dem Senden zum GPS-Gerät von diesem neu berechnet wird besteht die Gefahr, dass die Einstellungen im GPS-Gerät nicht den Routing-Einstellungen der Planung am PC entsprechen. Somit wird die Route im GPS-Gerät anders berechnet. Man würde z.B. bei einer Transalp losfahren und womöglich dann doch auf anderen Wegen zum Ziel navigiert werden. Da aber bei einer Transalp der Weg das Ziel ist, weil genau auf dieser Strecke das schönere Panorama oder der bessere Weg ist als auf der dazu parallel verlaufenden Strecke am nächsten Berg/Tal ist es meist erwünscht, dass die Route aus keinen Gründen der Welt automatisch verändert wird.

Wie bereits gelernt bleibt der Track nach dem Senden zum Gerät unverändert, kann in einer Wunschfarbe im Gerätedisplay angezeigt werden (auch mehrere Tracks gleichzeitig, jeweils in unterschiedlichen Farben) und auch wenn man sich von diesem Weg wegbewegt, bleibt er unverändert und zeigt immer die eigentlich geplante Tour an. Ihr GPS-Gerät hält sich aus allen Berechnungen heraus. Durch die Aufzeichnung der eigenen Fortbewegung sieht man genau wo man vom Weg abgekommen ist, welchen Teil man verpasst hat und kann eigenständig Wege wählen, um zur Tracklinie am Display wieder zurückzufinden. Zusätzlich kann man aber auch ein Routing starten, um auf die Tracklinie zurückgeführt zu werden.

Nicht verwechseln:

- Routen nachträglich zu Tracks umzuwandeln ist in Ordnung und erleichtert die Arbeit beim Erstellen/Zeichnen der Tour.

- Tracks zu Routen umwandeln, macht jedoch kaum einen Sinn – Finger weg! – ←

Routen anhand einer Tourenbeschreibung erstellen

Ihnen ist ein wunderschöner Reiseführer in die Hände gefallen und Sie möchten nun genau diese Tour in die elektronische Karte übertragen? Nichts leichter als das.

Wir beginnen wieder damit, eine neue Liste für unsere neue Tour anzulegen. Wählen Sie dann eine geeignete Karte aus der Symbolleiste „Kartenprodukt" aus (falls Sie mehrere Karten besitzen) und aktivieren Sie Ihr gewünschtes Aktivitätsprofil.

Zum schnellen Auffinden der im Reiseführer beschriebenen Stationen verwenden wir natürlich die „Suchen"-Funktion.

In meinem Beispiel habe ich den KOMPASS-Fahrradführer „Innradweg – Von Innsbruck nach Passau" vor mit liegen. Die 7. Etappe führt auf 52 km von Simbach/Braunau nach Neuhaus/Schärding. Die Tourenbeschreibung besagt:

Simbach – Eglsee – Info-Zentrum Unterer Inn – Aigen ...

Ich wähle also das Aktivitätsprofil „Tourenradfahren" und die derzeit aktuelle Garmin-Karte „TOPO Deutschland V7 PRO".

1. Ich tippe den Suchbegriff „Simbach" in das „Suchen"-Eingabefeld und klicke auf die 🔎 Lupe im rechten oberen Fenster-Eck. Sobald sich die „Beste Ergebnisse"-Spalte öffnet kontrolliere ich, ob die POI-Suche (das Fotoapparat-Symbol) aktiviert ist. Auf Anhieb wird mir ein Simbach Am Inn, nahe der österreichischen Grenze angezeigt. Durch einen Doppelklick der linken Maustaste auf diesen Eintrag bin ich sofort vor Ort. (Falls Sie Ihren gesuchten Ort nicht finden, öffnen Sie die erweiterte Ergebnisliste durch Anklicken des „Mehr"-Buttons im Spaltenkopf.)

2. In meiner Tourenbeschreibung ist der Startort mit „Innbrücke" näher beschrieben. Diese habe ich in der Karte von selbst gefunden. Daher aktiviere ich nun mein „Neue Route"-Werkzeug und setze den Startpunkt mit meinem 🖉 Mauszeiger mitten auf die Brücke. (Das auftauchende „Neue

Route"-Fenster habe ich sofort geschlossen, da ich direkt in der Karte zeichnen möchte.)

Würde der Startort mit „am Kirchenplatz" beschrieben sein und durch Eingabe des Suchbegriffes „Kirche" sich in Simbach nichts finden lassen, öffne ich die erweiterten Suchoptionen mit dem ⚙ Zahnrad-Symbol im Spaltenkopf der „Beste Ergebnisse"-Liste und wähle dort die „Points of Interest" an. Bei den im unteren Teil angezeigten „Weiteren Optionen" lasse ich „Alle POIs" stehen und in das „Suchen"-Eingabefeld ganz oben schreibe ich „Kirche" oder „Kirchturm". Dann starte ich die Suche mit Klick auf den „Suchen"-Button (siehe Kapitel 1/ Suchfunktion in BaseCamp). Daraufhin wird mir der „Kirchturm/Glockenturm" in Simbach angezeigt und ich könnte auch dort meinen ersten Routenpunkt setzen.

3. Während nun zwar die „Neue Route" Zeichnungs-Funktion aktiv ist, kann man trotzdem wieder in das „Suchen"-Eingabefeld klicken und dort den nächsten Ort aus der Tourenbeschreibung eintippen: „Eglsee". Nach einem Klick auf den Lupe-Button zeigt die Ergebnisliste einige Eglsee´s in nächster Nähe. Mit einem linken Mausklick auf die gefundenen Ergebnisse springt die Karte an den jeweiligen Punkt und ich kann entscheiden, ob es der aus der Tourenbeschreibung sein könnte. Wenn ja, klicke ich mit der immer noch aktiven ✐ Zeichnungs-Funktion auf einen geeigneten Radweg (der mir mit der Aktivitätsauswahl „Tourenrad" als rote Linie angezeigt wird) am Eglsee. Die Route von Simbach zum Eglsee wird sofort erstellt. Lassen Sie die Zeichnungs-Funktion unbedingt weiterhin aktiv.

→ Mit dem Scroll-Rädchen der Maus kann der Darstellungsmaßstab der Karte während des Zeichnens verändert werden. Um die Karte nach rechts, links, oben oder unten zu verschieben, führen Sie Ihren Mauszeiger an den jeweiligen Kartenrand oder auch –Ecke und klicken dort, so oft wie Sie es benötigen. ←

4. Für die Suche des nächsten Punktes, dem Europareservat Unterer Inn, tippe ich den Wortlaut „Europareservat" in das

Suchen-Eingabefeld. Umso kürzer der Suchbegriff ist, desto eher wird ein Eintrag gefunden, der diesem Wortlaut entspricht. Ich bekomme ein Ergebnis in 5,8 km Entfernung (Luftlinie) angezeigt.

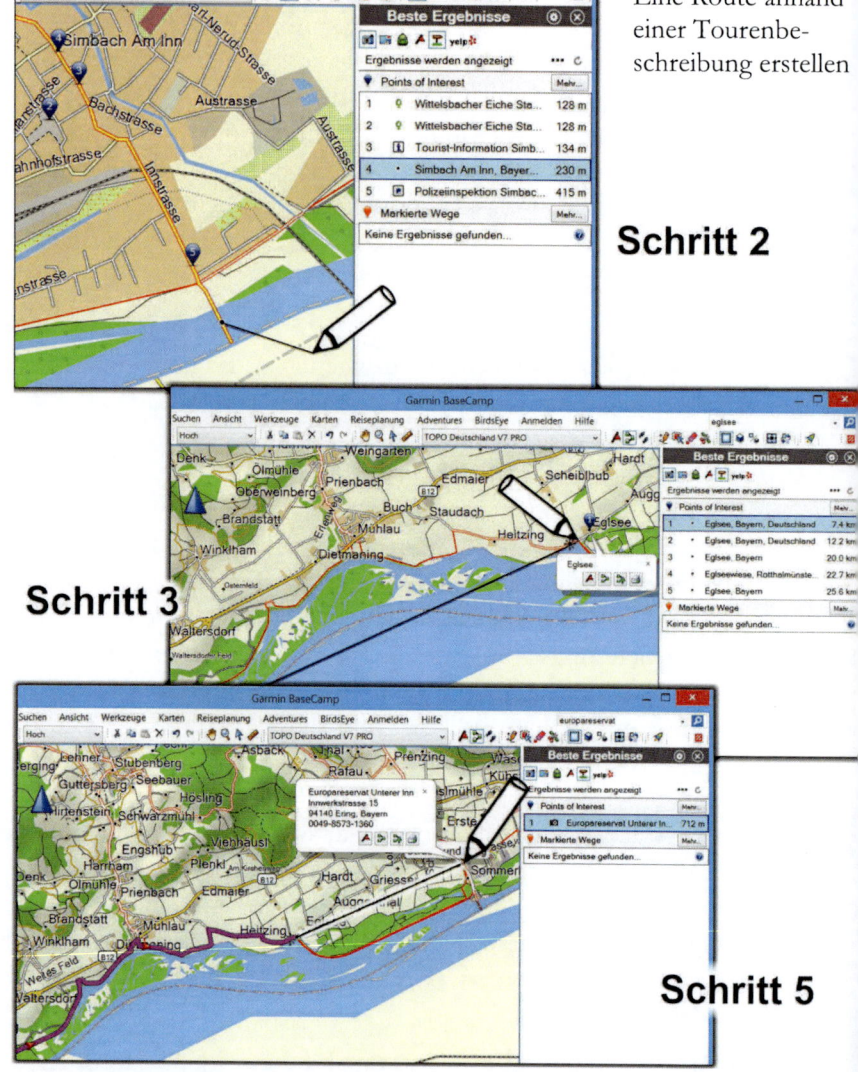

Abbildung 2-54
Eine Route anhand einer Tourenbeschreibung erstellen

5. Mit einem linken Mausklick auf den Eintrag in der Ergebnis-spalte wird mir der Punkt in der Karte gezeigt. So kann ich wieder mit meinem immer noch aktiven ✏ Stift-Mauszeiger an diesen Punkt in der Karte klicken. Daraufhin wird die Route sofort wieder neu berechnet und ein Stück länger.

6. Ich wiederhole nun die jeweils letzten zwei Schritte (Punkt suchen und anklicken) bis die Tagesetappe fertig erstellt ist.

Das Zeichnen der Route beendet man mit einem rechten Mausklick.

Route / Track weiterzeichnen

Haben Sie die Route doch einmal unbeabsichtigt beendet, können Sie diese trotzdem auch weiter-zeichnen. Das gilt für einen Track genauso. Markieren Sie die Route (oder den Track) in Ihrer Objektliste, so dass das Element in der Karte hervorgehoben wird. Wählen Sie nun das „Einfügen"-Werkzeug aus der Symbolleiste und zielen Sie sehr genau auf den letzten Punkt. Wenn am letzten Routen- bzw. Trackpunkt ein schwar-zer Kreis erscheint, klicken Sie einmal mit der linken Maustaste darauf und können dann wie gewohnt weiterzeichnen.

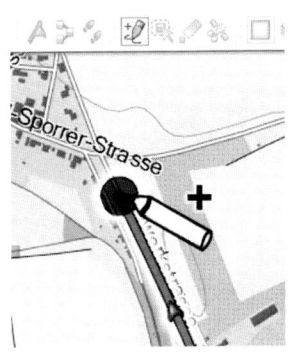

Abbildung 2-55
Routen weiterzeichnen

Zusätzlich zu der gezeichneten Tour können Sie sich natürlich auch

Wegpunkte an der Strecke

erstellen, die in der Reisebeschreibung als besondere Sehenswürdigkei-ten erwähnt sind. Zentrieren Sie Ihre fertige Route oder auch Track im Kartenfenster. Öffnen Sie die Suchergebnisse durch Anklicken des 🔍 Lupe-Buttons und wählen Sie dort gleich die ⊕ erweiterten Such-optionen. Wählen Sie die POIs und lassen Sie sich "Alle POIs" in der näheren Umgebung anzeigen. Den gewünschten Punkt übernehmen Sie in Ihre Objektliste, indem Sie ihn in der Ergebnisliste mit einem rechten Mausklick anwählen und aus dessen Kontextmenü

„ᴬWegpunkt erstellen" wählen oder dasselbe Symbol in der Textblase des Punktes in der Karte wählen.

Solche Punkte eignen sich besonders dann, wenn sie nicht direkt auf der Strecke liegen und Sie erst unterwegs entscheiden möchten, ob Sie noch einen kleinen Abstecher zu diesem unternehmen wollen.

Geben Sie bei diesen Punkten in den Objekteigenschaften (Doppelklick, linke Maustaste) auch gleich eine Entfernung für das Auslösen des Annäherungsalarmes ein, so dass Sie Ihr GPS-Gerät unterwegs aufmerksam macht, wenn Sie sich in der Nähe eines interessanten Punktes befinden. Senden Sie diese Wegpunkte in den Gerätespeicher, so dass die Alarmierungsfunktion auch sicher übernommen wird.

(Alle diese Wegpunkte gemeinsam markieren, rechter Mausklick auf Markierung > Senden an… > Interner Speicher).

Touren ausdrucken

Natürlich ist es eins der wichtigsten Dinge, sich die geplante Tour wenigstens als Übersichtskarte auszudrucken.

Denn man kann am PC schon etliche Touren vorbereiten. Doch weiß man dann noch, welche Touren alle zum Abfahren bzw. Ablaufen bereit stehen? Und: Kann man sich besonders bei Rundkurstouren noch daran erinnern, in welcher Richtung man diese geplant hatte?

Hat man solche Ausdrucke von mehreren Touren parat liegen,

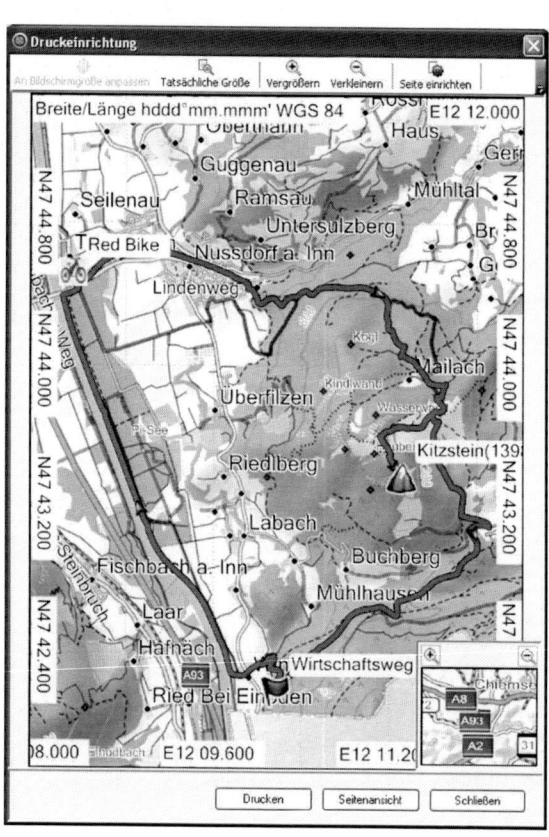

Abbildung 2-56 Ausdruck vorbereiten

lässt sich dann je nach Wetterlage leicht entscheiden, welche wohl die beste Tour für den entsprechenden Tag ist.

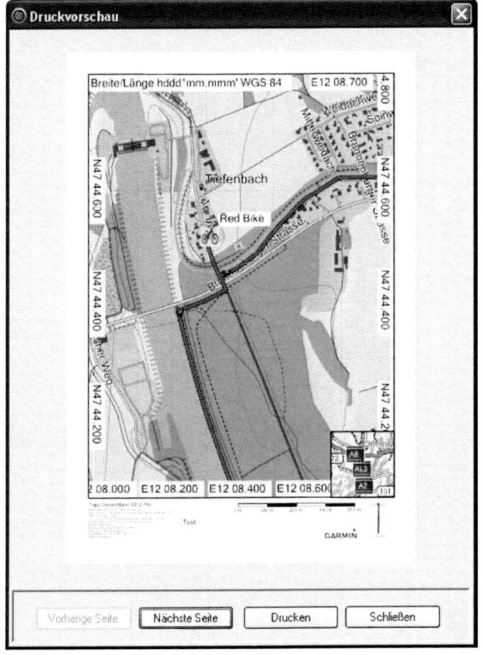

Da aber auch das GPS-Gerät unterwegs einmal seinen Dienst verweigern könnte, sollte man auf keinen Fall auf eine Notfall-karte verzichten. Diese lässt sich also mit der BaseCamp-Software ausdrucken.

Vorausgesetzt: Man hat die Kartendaten am PC von der Karten-DVD installiert. Alle Garmin-Karten die von einer mircoSD-Karte gela-den werden, können nicht ausgedruckt werden.

Abbildung 2-57
Druckvorschau, Karte

Neben dem Kartenbild sind auch die Übersichtsdaten wie Tour-länge und Höhenmeterleistung wichtig und im BaseCamp-Aus-druck möglich.

Vielleicht möchten Sie sich aber auch die Wegbeschreibung mit auf Tour nehmen, die Sie ja nach der Umwandlung zu einem Track weder in BaseCamp noch im GPS-Gerät angezeigt bekommen. Haben Sie Ihre Route aus Weg-punkten erstellt, so werden diese auch im Ausdruck in der Liste der Abbiegungen mit aufgeführt.

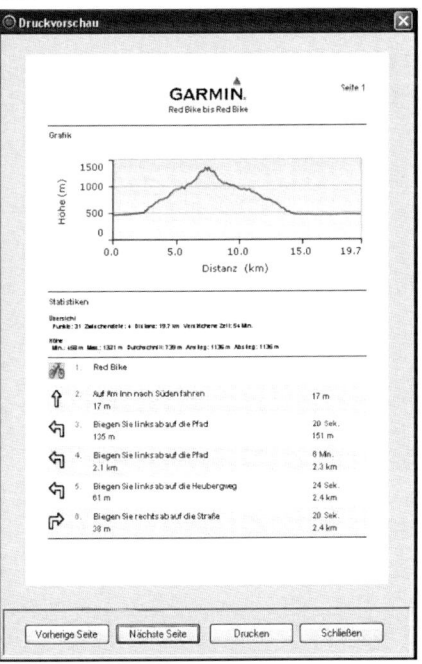

Abbildung 2-58
Druckvorschau,
Abbiegehinweise einer Route

Markieren Sie also eine Route oder einen Track den Sie ausdrucken möchten mit der linken Maustaste in der Objektliste. Wählen Sie dann in der Menüleiste „Datei" > „Drucken". (Wählen Sie nichts oder mehrere Elemente gleichzeitig aus, wird nur die Kartenseite gedruckt.) Es öffnet sich das Fenster für die Druckeinrichtung (Abb. 2-56). Vergrößern oder verkleinern Sie die Kartenansicht so dass die ganze Tour im Fenster zu sehen ist. Die entsprechenden Werkzeuge finden Sie am oberen Rand des Kartenfensters.

Klicken Sie dann zuerst auf den am unteren Fensterrand angeordneten Button „Seitenansicht", um sich die zu druckenden Seiten anzusehen. Als erste Seite erscheint die Karte mit der Route oder dem Track. Klicken Sie am unteren Fensterrand auf den Button „Nächste Seite". Dort erscheinen im oberen Teil das Höhenprofil und Informationen zur Distanz, Routen- bzw. Trackpunkten, Zwischenzielen, Zeiteinschätzung etc.

➔ Im unteren Teil beginnt die Wegbeschreibung, wenn es sich bei dem Ausdruck um eine Route handelt. Handelt es sich hingegen um den Ausdruck eines Tracks, so beginnt hier die Liste der einzelnen Trackpunkte. Bei meiner Beispieltour mit 67,2 km und 3.051 Trackpunkten wären das 136 DIN A4-Seiten. Daher bitte beim Track-Ausdruck aufpassen und nicht zu überhastet auf „Drucken" klicken!!!⬅

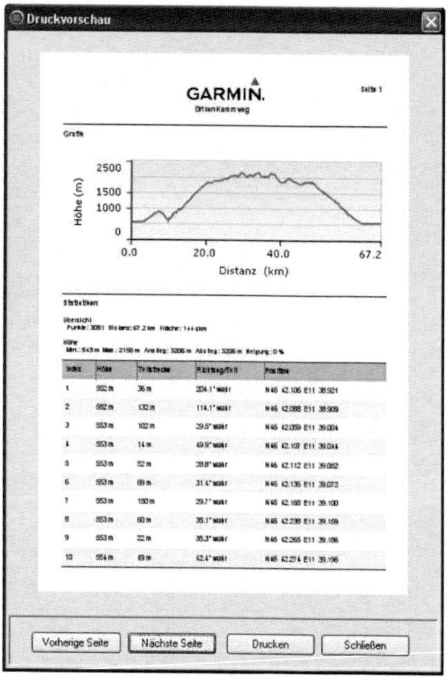

Abbildung 2-59
Druckvorschau, Trackpunkte

Schließen Sie in dem Fall die Druckvorschau und wählen Sie im „Druckeinrichtung"-Fenster den „Seite einrichten"-Button am oberen Rand des Fensters (Abb. 2-56).

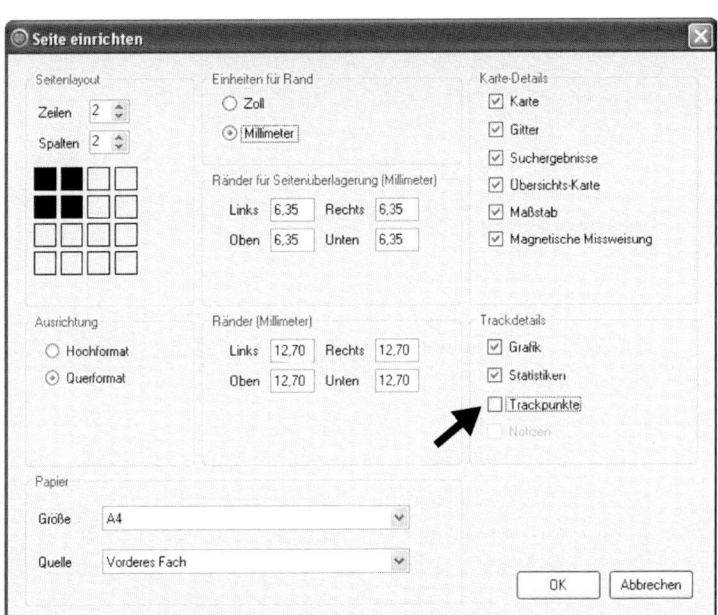

Abbildung 2-60
Bestimmen, was ausgedruckt werden soll; Festlegen der Größe des Kartenausdrucks

Entfernen Sie hier im rechten unteren Teil des Fensters bei „Trackdetails" unbedingt das Häkchen bei „Trackpunkte"! Das Ausdrucken der Grafik und Statistik ist hingegen notwendig, dort lassen Sie also die Häkchen.

Sehen wir uns alle anderen Optionen an, die zu einem perfekten Ausdruck verhelfen:
Im Feld „Seitenlayout" links oben legen Sie fest, über wie viele Seiten sich der Ausdruck erstrecken soll. Blau markierte Felder stellen die Seiten dar, die bedruckt werden. Wollen Sie sich nur eine Übersichtskarte ausdrucken, so belassen Sie die blaue Markierung des ersten Feldes im linken oberen Eck.

Wollen Sie sich hingegen eine Karte für unterwegs ausdrucken, so markieren Sie mit der linken Maustaste entsprechend viele Felder. Sie können den Ausdruck also auf bis zu 16 DIN A4-Seiten, 4 in der Breite und 4 Seiten in der Höhe ausdrucken. Je mehr Seiten, desto detaillierter wird der Kartenausdruck.

Im darunter angeordneten Feld „Ausrichtung" bestimmen Sie, ob die eben ausgewählten Seiten hochkant oder quer angeordnet werden sollen. Im Mittelfeld des Fensters können Sie die Ränder des Ausdruckes verkleinern oder vergrößern. Kontrollieren Sie die Angabe der

Maßeinheiten ganz oben in der mittleren Spalte und setzen Sie die Auswahl auf Millimeter, falls dies noch nicht der Fall ist.

Bei den „Karte-Details" im rechten Teil des Fensters wählen Sie aus, was ausgedruckt werden soll. Natürlich die Karte. Das Kartengitter ist auch immer hilfreich und der Maßstab sollte ebenso immer vorhanden sein. Bei den Suchergebnissen, der Übersichtskarte und der magnetischen Missweisung können Sie selbst entscheiden, ob das für Sie unterwegs von Interesse ist.

Im unteren Feld „Papier" können Sie das grundsätzliche Format Ihres Ausdruckes und die Quelle Ihres Druckers wählen, falls dieser über verschiedene Papiereinzüge verfügt.

Am Ende bestätigen Sie Ihre Einstellungen mit „OK". Diese veränderten Werte gelten jedoch immer nur für diesen Ausdruck.

Für den Fall dass Sie soeben das Seitenlayout geändert haben, sich also für den Ausdruck von gekachelten Seiten entschieden haben, werden Sie Ihre Tour im Druckfenster auf den nun neu hinzugewonnenen Seiten noch einmal etwas auszentrieren und vergrößern müssen, damit sich diese über das ganze Kartenfenster ausstreckt und eben auch detaillierter ausgedruckt wird.

Herzlichen Glückwunsch! Sie haben nun die grundlegenden Schritte in BaseCamp erlernt und bereits schon ausgeführt. Sie haben erfahren, wie man bei der Tourenplanung vorgehen und die bevorstehende Tour schon sehr genau einschätzen kann. Sie sollten nun also wissen:

- Wie Sie das Arbeitsfenster einrichten,

- Wie man Kartendaten aus dem GPS-Gerät in BaseCamp verwendet,

- Wann man sich im Arbeitsspeicher des PCs oder des GPS-Gerätes befindet,

- Wie man Wegpunkte, Zwischenziele, Routen und Tracks in BaseCamp erstellt,

- Was der Unterschied zwischen Tracks und Routen ist;

- Wann man mit der Routenfunktion und wann mit der Trackfunktion zeichnet,

- Wie man anhand verschiedener Wegmarkierungen und dem Höhenprofil schon sehr genau den Tourencharakter vorausbestimmen kann,

- Wie die geplante Tour letztendlich auch im Gerät so angezeigt und keinesfalls verändert wird

und

- Wie man sich Routen oder Tracks mit Ihren Übersichtsdaten ausdrucken kann.

Wissen Sie hiervon etwas nicht, fangen Sie noch einmal von vorne an. Nein, kleiner Scherz! Am Buchanfang ist die Kapitelübersicht, wo Sie schnell das Thema finden werden, was Ihnen vielleicht inzwischen wieder etwas unklar geworden ist.

Daten zum GPS-Gerät übertragen

Achtung - Gerätedaten sichern:

➜ Sobald Sie Ihr GPS-Gerät das erste Mal am PC anschließen, bevor Sie also das erste Mal die Chance haben, aus Versehen eine wichtige Systemdatei zu löschen, legen Sie sich bitte zuallererst eine Sicherungsdatei Ihres GPS-Gerätespeichers an! Besonders sinnvoll ist dies bei Geräten, die Kartenmaterial im Gerätespeicher enthalten.

Falls noch nicht geschehen, schließen Sie Ihr GPS-Gerät per USB-Kabel am PC an und warten Sie bis entweder ein Dialogfenster mit der Auswahl „Ordner öffnen, um Dateien anzuzeigen…" erscheint, durch dessen Auswahl sich der Arbeitsplatz-Explorer öffnet und Ihnen die im GPS-Gerätespeicher („GARMIN…") liegenden Dateien zeigt, oder sich der Arbeitsplatz-Explorer mit dem Ordner des GPS-Gerätespeichers sowieso selbstständig öffnet. Kopieren Sie sich nun alle hier liegenden Dateien sowie die kompletten „Garmin" und „Documents"-Ordner und speichern Sie sich diese auf einem sicheren Speichermedium für alle Ewigkeit ab. So können Sie versehentlich gelöschte Dateien mit Ihrer Sicherungsdatei wiederherstellen und sich eventuell ein Einschicken zu Garmin ersparen. ◄

Es gibt nun mehrere Methoden Daten zum GPS-Gerät zu übertragen:

1. Senden aus BaseCamp unter Verwendung des „An Gerät senden"-Button

2. Senden aus BaseCamp mit rechtem Mausklick auf ausgewählte Elemente in der Objektliste

oder

3. Als GPX-Datei abspeichern und anschließend per Drag&Drop-Funktion mittels Arbeitsplatz-Explorer in den Gerätespeicher des GPS-Gerätes kopieren.

Diese Möglichkeiten beziehen sich alle auf die Garmin Outdoor- und Trainings-GPS-Geräte ab den Modelljahren nach 2009.
Die Kommunikation von BaseCamp zu <u>älteren Geräten</u> kann Probleme bereiten. Wenn überhaupt, dann ist bei diesen nur Methode 1 und

2 möglich. Ansonsten wird hierbei der Datenaustausch mit dem ursprünglichen Garmin-Programm „MapSource" empfohlen.

Wenn es in BaseCamp beim Senden von Daten zu <u>GPS Trainings-geräten</u> wie dem Edge 800 Probleme geben sollte, dann funktioniert Methode 3 auf alle Fälle. Bei aktuellen Geräten wie dem Edge 1000 sind inzwischen keinerlei Probleme mehr zu erwarten.

Beginnen wir mit Methode 1

Mit dem Benutzen des  „…an das Gerät senden" Buttons können nur gesamte Listen, also keine einzelnen Objekte, übertragen werden. Haben Sie Ihren Track und die dazugehörigen Wegpunkte bereits beim Erstellen sauber in einer Liste angelegt, wie Sie das in diesem Buch erlernt haben, so markieren Sie diese Liste in der Bibliothek und klicken Sie dann auf den Button „…an das Gerät senden".

Objekte umsortieren / bestimmten Listen zuordnen

Haben Sie die zu sendenden Objekte noch einzeln zwischen vielen anderen Objekten in Ihrer allgemeinen Sammlung liegen, so erstellen Sie nun eine neue Liste (rechter Mausklick auf „Meine Sammlung" > „Neue Liste"). Benennen Sie die Liste nach Wunsch. Klicken Sie dann auf den Bibliotheken-Ordner „Ungelistete Daten", in dem Ihre unsortierten Objekte liegen. Markieren Sie dort unter Zuhilfenahme der „Strg"-Taste alle Objekte die in die neue Liste gehören und klicken Sie die Markierung am Ende mit der rechten Maustaste an. Wählen Sie aus dem Kontextmenü „Senden an…".

Abbildung 2-61 Objekte umsortieren

Daraufhin öffnet sich ein kleines Dialogfenster, in dem Sie nun das Ziel (die neue Liste) auswählen. Nach dem Bestätigen des „OK"-Buttons können Sie in der Bibliothek mitverfolgen, wie die Objekte in die neue Liste wandern (grüner Ladebalken). Klicken Sie dann die neue Liste in der Bibliothek an und senden Sie die darin befindlichen Objekte durch den ⚓ „… an das Gerät senden"-Button an Ihr GPS-Gerät.

Methode 2

Weniger umständlich ist es aber gleich alle gewünschten Objekte zu markieren, egal ob in einer Liste oder ob im „Meine Sammlung"-Ordner, und mit der rechten Maustaste auf diese Markierung zu klicken. Aus dem Kontextmenü wählen Sie „Senden an…".

Es öffnet sich wieder das kleine Dialog-fenster, welches wir eben auch schon zum Umsortieren verwendet haben. Jetzt wählen Sie hier allerdings den Ordner „Interner Speicher" direkt unter dem Geräteeintrag aus und bestätigen die Auswahl mit „OK". Schon können Sie anhand des grünen Ladebalkens in der Bibliotheken-Leiste beobachten, wie die Objekte an Ihr GPS-Gerät übertragen werden. Fertig.

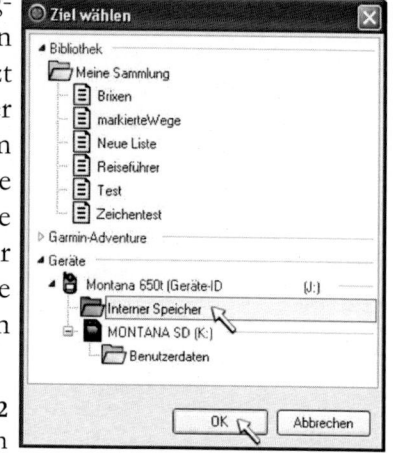

Abbildung 2-62
Objekte in den GPS-Gerätespeicher senden

Zur Überprüfung öffnen Sie Ihren Arbeitsplatz-Explorer. Dort sollten Sie das per USB angeschlossene Garmin-GPS finden. Öffnen Sie dessen „Garmin"-Unterordner und den darin liegenden „GPX"-Ordner (bei Trainingsgeräten: „New Files"-Ordner). Darin sollten nun Ihre gesendeten Objekte liegen. Diese tragen dann solche Bezeich-nungen wie „Track0.gpx", „Track1.gpx", „Waypoints.gpx", „Route.gpx" etc. (bei Tr.geräten „temp.gpx"). Zeigen Sie mit dem Mauszeiger auf eine dieser Dateien, dann wird Ihnen das Übertragungsdatum mit Uhrzeit angezeigt, wodurch Sie schlussfolgern können, ob es eine Datei von eben sein könnte.

Methode 3

Grundsätzlich wollen wir ja nichts im BaseCamp-Programm liegen lassen, was uns wichtig ist. Wenn man eine Tour fertig erstellt hat, macht es daher Sinn, sich diese für alle Ewigkeit abzuspeichern. Dazu bringen wir sie aus dem Programm heraus und speichern diese als GPX-Datei ab. Das ist ein universelles Format, welches auch mit vielen anderen GPS-Programmen wieder geöffnet werden kann. Genauso arbeitet auch Ihr Garmin-GPS mit diesem Dateiformat. Also schlagen Sie natürlich zwei Fliegen mit einer Klappe:

- Sie sichern sich Ihre fertig erstellten Tourdaten an einem Speicherort Ihrer Wahl (außerhalb der BaseCamp-Software) und
- Sie können diese aus BaseCamp exportierte Datei so wie sie ist in Ihrem GPS-Gerät verwenden.

Exportieren Sie nun also den Track und die Wegpunkte, den/die Sie dann zum Gerät übertragen wollen aus BaseCamp heraus, so wie Sie es im Abschnitt „Daten am PC abspeichern und sichern" gelernt haben. Wenn Sie nicht die gesamte Liste, sondern nur einzelne Objekte abspeichern und zum Gerät übertragen wollen, markieren Sie in der Objektliste also nur die gewünschten Objekte, wählen in der Menüleiste „Datei" > „Exportieren" und diesmal „Auswahl exportieren". Somit werden nur die ausgewählten Objekte aus BaseCamp herausgeholt und abgespeichert.

Für den Übertragungsvorgang benötigen wir keine GPS-Software. Das erledigen wir mit der Drag & Drop-Kopierfunktion des Arbeitsplatz-Explorers (bzw. der Kopieren- und Einfügen-Funktion der rechten Maustaste). Öffnen Sie dazu wieder den Arbeitsplatz-Explorer mit

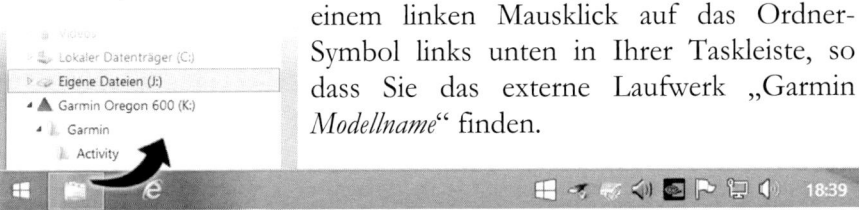

einem linken Mausklick auf das Ordner-Symbol links unten in Ihrer Taskleiste, so dass Sie das externe Laufwerk „Garmin *Modellname*" finden.

Abbildung 2-63 Arbeitsplatz-Explorer öffnen

2–111

Falls es nicht bereits der Fall ist, richten Sie sich das Explorer-Fenster so ein, dass Sie links die Ordnerstruktur und im rechten Fensterteil den Inhalt des links angewählten Ordners sehen können. Schalten Sie sich diesen „Navigationsbereich" über die Menü-Leiste > Ansicht > Navigationsbereich, hier Häkchen setzen, auf sichtbar.

Abbildung 2-64 Navigationsbereich des Explorer-Fensters sichtbar schalten

Abbildung 2-65 Track als GPX-Datei in GPX-Ordner des GPS-Gerätespeichers kopieren/ „New Files"-Ordner bei Trainingsgeräten

Der GPS-Gerätespeicher wird mit dem Laufwerksnamen „Garmin(...)" und dem Modellnamen bezeichnet. Befindet sich eine vorprogrammierte Garmin microSD Karte im Gerät, können hier auch zwei „Garmin"-Laufwerke angezeigt werden. Befindet sich hingegen eine frei bespielbare microSD-Karte im Gerät, wird entweder „SD Karte" oder der von Ihnen evtl. umbenannte Name angezeigt.

Suchen Sie in der linken Spalte nun aber zuerst den Ordner, wohinein Sie die GPX-Datei mit den GPS-Elementen abgespeichert haben, die Sie aus BaseCamp herausgeholt (exportiert) haben. Klicken Sie dort den Ordner mit der linken Maustaste an, so dass dessen Inhalt im rechten Fensterteil dargestellt wird. Rechts sollten Sie nun also die gespeicherte GPX-Datei sehen.

Während die Datei im rechten Fensterteil sichtbar bleibt, scrollen Sie nun in der linken Spalte bis zum Arbeitsplatz > „Garmin(…)" (Gerätespeicher) und klicken dort mit der linken Maustaste auf das kleine Aufklapp-Symbol vor den „Garmin"-Buchstaben und dann noch einmal auf das kleine Symbol vor dem „Garmin"-Ordner, bis Sie den GPX-Ordner sehen können. Das ist der Speicherort für alle Tracks, Wegpunkte, Routen, Geocaches und Abenteuer, die Sie im GPS-Gerät verwenden möchten. Fotos mit GPS-Daten werden hingegen in den „JPEG"-Ordner gelegt, welcher auch ein Unterordner des „Garmin"-Gerätespeicherordners ist bzw. von Ihnen selbst dort angelegt werden kann.

(Ausnahmen gibt es bei den Garmin-Trainingsgeräten. Dessen Unterordner tragen andere Bezeichnungen. Bei den Modellen der Edge-Serie beispielsweise müssen GPX-Dateien in einen Ordner namens „New Files" kopiert werden. Fotos kann man in diesen Geräten nicht nutzen)

Klicken Sie nun im rechten Fensterteil den Track (die GPX-Datei) mit der linken Maustaste an, halten Sie während der gesamten Aktion zusätzlich die „STRG"-Taste gedrückt (Kopieren-Funktion), ziehen Sie mit gehaltener Maustaste den Track in die linke Liste genau auf den GPX-Ordner, bis dieser blau hinterlegt ist, und lassen genau an dieser Stelle los. (Dieselbe Aktion erzielen Sie natürlich auch mit der Kopieren- und Einfügen-Funktion aus dem Kontextmenü des rechten Mausklicks auf die Datei.) Fertig!

Zur Überprüfung klicken Sie nun in der linken Liste auf die Bezeichnung „GPX", dessen Ordner-Inhalt im rechten Fenster angezeigt wird, und sollten dort die kopierte GPX-Datei finden.

Genauso können auch GPX-Dateien auf einer leeren microSD-Karte abgelegt werden, die Sie im GPS-Gerät platziert haben. Dazu benötigt die noch leere Speicherkarte allerdings die gleiche Ordnerstruktur wie die des GPS-Gerätespeichers, also einen „Garmin"-Ordner, in dem der Unterordner „GPX" liegt (bzw. „New Files" bei Trainingsgeräten). Diese Struktur können Sie selbst erstellen.

→ Der Name der GPX-Datei hat nichts mit dem Namen des Tracks zu tun, der im GPS-Gerät im Track-Manager angezeigt wird. Denn im GPS-Gerät ist der Name des Tracks, wie er beim Erstellen oder Bearbeiten in der GPS-Software am PC benannt wurde, zu finden. ←

Entfernen Sie nun die Hardware sicher vom Computer, in dem Sie mit der rechten Maustaste auf das in der BaseCamp-Bibliothek angezeigte Gerät klicken und den Kontextmenüeintrag „Trennen" wählen. Danach lösen sie das Gerät vom USB-Kabel.

Ebenso können Sie das Gerät über die Entfernen-Funktion in Windows vom Computer trennen (linker Mausklick auf das kleine USB-Symbol rechts unten in der Taskleiste > „Gerät... auswerfen").

Garmin Dateiformate: GPX, GDB, FIT, TCX, CRS

GPX-Datei

Eine GPX-Datei kann jeweils einen oder mehrere Wegpunkte, Routen und/oder Tracks enthalten. Es ist ein sehr universelles Format, welches inzwischen von fast allen GPS-Programmen am PC geöffnet werden kann. Tracks, Routen und Wegpunkte können die Garmin GPS Outdoor-Geräte nur in diesem Format verarbeiten.

GDB-Dateiformat

Hier handelt es sich um das hauseigene Dateiformat der Garmin-Datenbank, auf das sich das Arbeiten in BaseCamp am PC aufbaut. Dateien in diesem Format beinhalten alles, was man innerhalb eines Projektes erstellt/bearbeitet hat. In BaseCamp können so dem Track zugewiesene Verlinkungen zu Fotodateien mit abgespeichert werden. Solche softwarebezogenen Formate können aber auch nur von der gleichen Software wieder geöffnet werden. Dateien im GDB-Format gehören nicht in das GPS-Gerät. Dieses kann damit nichts anfangen.

<u>FIT-, TCX- u. CRS-Dateiformat</u>

Eine FIT-, TCX- oder CRS-Datei enthält neben den normalen GPS-Informationen auch Trainingsinformationen aus einem Garmin-Trainingsgerät. Eine solche Datei kann ein oder mehrere Strecken, Trainings, Aktivitäten sowie Benutzer-/Radprofile und Puls-/Leistungs-/Geschwindigkeitsbereiche beinhalten. Garmin GPS-Trainingsgeräte können mit GPX- und FIT-Dateien arbeiten.

Karten vom PC zum GPS-Gerät übertragen

Für alle diejenigen, welche die Kartendaten von DVD am PC installiert haben, beschreiben nun die folgenden Schritte wie die Kartendaten in das Gerät kommen. Auch wenn Sie im Lieferumfang eine vorprogrammierte microSD/SD-Karte erhalten haben, können Sie diese beruhigt in der Packung liegen lassen und eventuell für ein weiteres Gerät aufbewahren. Denn diese microSD-Karte ist in weiteren Garmin-Geräten frei verwendbar. Da Sie sich jedoch sowieso schon die Mühe machen mussten, die Karte für den PC und das GPS-Gerät freizuschalten, macht es nun auch Sinn die benötigten Kartenteile je nach Bedarf vom PC zum Gerät zu übertragen. Es können also die Garmin-Karten jeweils im Ganzen oder auch nur als Einzelteile zum Garmin-GPS übertragen werden. So könnte man sich z.B. nur die

benötigten Teile der Straßenkarte und Ausschnitte einer topografischen Karte zum Gerät bzw. auf eine leere im Gerät liegende microSD-Karte senden. Gehen Sie folgender Maßen vor: Legen Sie eine leere microSD-Karte in Ihr GPS-Gerät und

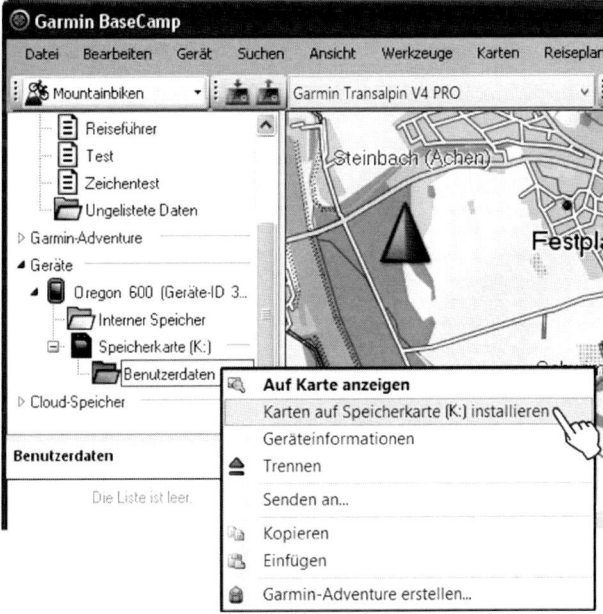

Abbildung 2-66
Karten an
Gerät senden

schließen Sie es per USB-Kabel am Rechner an.

Zum Übertragen der Kartendaten auf die microSD-Karte des GPS-Gerätes klicken Sie in BaseCamp mit der rechten Maustaste auf den Speicherort „Benutzerdaten" der bisher noch leeren microSD-Karte. Diese wird in der linken Spalte angezeigt. Wählen Sie im Kontextmenü der Maus „Karten auf Speicherkarte installieren". Daraufhin öffnet sich der MapInstallations-Assistent, in dessen Kartenfenster dann die gewünschten Kartenteile ausgewählt werden können.

Sie können allerdings auch mit der rechten Maustaste auf den „Internen Speicher" des Gerätes klicken und somit die Karten direkt im Geräte-speicher ablegen. Es ist Ihnen überlassen, wohin Sie die Kartendaten speichern. Es bietet sich jedoch an, zuerst die microSD-Karte zu belegen, damit der Gerätespeicher für die GPS-Aufzeichnungsdaten weitgehend frei bleibt.

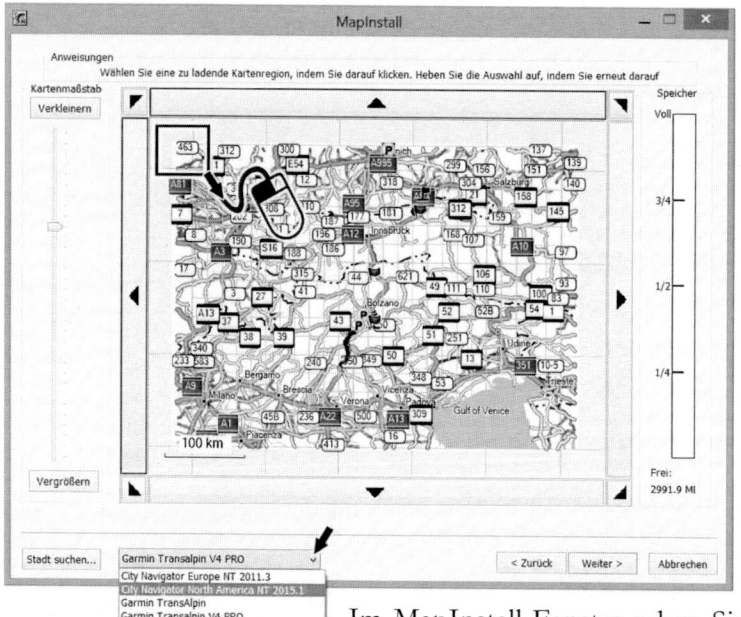

Abbildung 2-67
MapInstall, der Assistent zum Karten senden

Im MapInstall-Fenster sehen Sie Ihre am PC installierte Karte. Sind Sie im Besitz mehrerer Karten, können Sie im unteren Teil die Auswahlliste aufklappen und dort die Karte auswählen, die Sie für den Übertragungsvorgang benötigen. Wenn Sie eine Karte im gesamten senden möchten, verkleinern Sie die Kartenansicht so, bis Sie die leeren Kartenränder rings um die Karte sehen können. Dann setzen Sie einen linken Mausklick in die leere, linke obere Kartenecke, halten nun die Maustaste gedrückt und ziehen diese über die gesamte Karte nach rechts unten. Dabei sehen Sie schon, dass nun alle Kartenkacheln einen gelben Markierungsrand erhalten. Wenn Sie Ihre Maustaste dann im rechten unteren Eck loslassen, bleiben alle Kartenfelder rot markiert. Somit haben Sie alle Kartenkacheln dieser einen Karte ausgewählt und könnten nun mit „Weiter" den Sendevorgang zum GPS-Gerät bzw. dessen microSD-Karte starten. Unter Zuhilfenahme der „Strg"-Taste können Sie die markierten Karten wieder aus Ihrer Auswahl entfernen. An dem Balken rechts neben dem Kartenfenster sehen Sie, wieviel Speicherplatz für die ausgewählte Karte benötigt wird. Wenn hier noch Platz ist, können Sie auch noch weitere Karte auswählen. Schalten Sie mit Hilfe der Auswahlliste am unteren Fensterrand auf eine andere Karte um und markieren Sie hier ebenfalls die gesamte Karte. Erst jetzt, wo Sie beide Karten für den Übertragungsvorgang markiert haben, starten Sie den Sendevorgang. So werden die Kartendaten von beiden Karten auf eine microSD-Karte geschrieben. Wundern Sie sich nicht, das kann dann allerdings schon einige Zeit in Anspruch nehmen (schnell mal 30-60 min).

Einzelne Kartenteile übertragen

Möchten Sie hingegen nur ausgewählte Kartenteile zum GPS-Gerät senden, so vergrößern Sie sich die Karte und klicken dann mit der linken Maustaste die gewünschten Kartenteile einzeln an oder ziehen mit gehaltener linken Maustaste ein

Abbildung 2-68 Ausgewählte Kartenteile senden

Rechteck über mehrere Kartenteile auf, um diese alle auf einmal zu markieren. Rings um die Karte finden Sie die Navigationselemente, mit denen Sie die Karte verschieben können.

Mit dem an der unteren Fensterkante angeordneten „Stadt suchen"-Button können Sie auch direkt zu der Stadt springen, dessen umgebende Kartenteile Sie an das GPS-Gerät senden wollen.

Nach der Auswahl der gewünschten Kartenteile der einen Karte wählen Sie über die Aufklappliste am unteren Fensterrand eine andere Karte aus, um nun auf dieser Ihre gewünschten Kartenteile zu markieren. So lassen sich ganz gezielt Kartenteile von unterschiedlichen Karten aus-wählen und in einem Sendevorgang an das GPS-Gerät übertragen.

→ Möchten Sie ein Kartenteil abwählen, weil Sie es irrtümlich angeklickt hatten, drücken Sie gleichzeitig die „Strg"-Taste während Sie nochmals mit der linken Maustaste auf dieses Kartenfeld klicken. ←

Nach dem Sendevorgang sollten die Kartendateien mittels Arbeits-platz-Explorer im „Garmin"-Ordner des Gerätespeichers bzw. auf der im GPS-Gerät liegenden microSD-Karte zu finden sein. Diese „IMG"-Dateien werden automatisch nach der jeweiligen Karte benannt.

Trennen Sie Ihr Garmin-GPS vom PC und schalten Sie es ein. Sehen Sie in den Einstellungen > Karte > Karteninforma-tionen nach, ob dort alle gesendeten Karten einzeln aufgeführt sind. Durch ein Anwählen der Einträge können Sie die jeweilige Karte im Gerät aktivieren oder deaktivieren. Das ist dann wichtig, wenn Sie über eine Straßenkarte und eine topografische Karte der gleichen Region verfügen. Da die Topo-Karte immer obenauf liegt, müssen Sie diese deakti-vieren, um die Straßenkarte sehen und mit dem Gerät auf dieser arbeiten zu können.

Abbildung 2-69 Im GPS-Gerät liegende Karten aktivieren oder deaktivieren

➜ Achten Sie darauf, dass Sie Ihre Kartensammlung nicht auf eine von Garmin vorprogrammierte microSD-Datenkarte hinzufügen. Diese bietet einerseits nicht mehr allzu viel Platz für weitere Kartenteile, andererseits könnte die originale Garmin-Kartendatei beschädigt werden und Sie verlieren somit die lizenzfreie Nutzung für weitere Geräte. Verwenden Sie für Ihre eigene Kartensammlung unbedingt eine leere microSD-Karte. ←

Kapitel 3 - Touren nachbereiten

Alles was sich unterwegs als Hindernis in den Weg gestellt hatte oder einfach überhaupt nicht so war, wie man sich das für diese Tour vorgestellt hatte, möchte man beim wiederholten Abfahren natürlich nicht noch einmal erleben. Entweder hat man unterwegs schon eine fahrbare bzw. begehbare Lösung finden müssen oder man muss dann eben zu Hause am PC nach einer besseren Lösung suchen und diese auf dem vom GPS-Gerät aufgezeichneten Track ausbessern. An solchen Stellen hat man also mit Sicherheit Umwege oder Verfahrer aufgezeichnet, die später niemanden interessieren sollen.

Touren aus dem „Netz"

Auch bei Touren die man sich aus dem Internet lädt kann unter Umständen Nacharbeit erforderlich sein. Schon alleine aus dem Grund, weil man nicht unbedingt am selben Ort startet wie der Aufzeichnende. Da einige der Anbietenden Ihre GPS-Aufzeichnung gar nicht nachbearbeiten, sind somit auch noch sämtliche Verfahrwege enthalten. Sie sollten sich also einen von jemand anderem aufgezeichneten Track genauso ansehen, wie Sie das im Kapitel 2 im Abschnitt „verschiedene Wegmarkierungen" gelernt haben. Nur so finden Sie heraus welcher Tourencharakter Sie erwartet, damit Sie Ihren Tagesverlauf bestens planen können. Wenn die Tourenbeschreibung darüber sichere Auskünfte liefert, so soll es recht sein. Ansonsten müssen Sie anhand der Wegmarkierungen und der Steigung im Höhenprofil selbst herausfinden, ob die Tour z.B. mit dem MTB auch tatsächlich fahrbar ist. Wenn Ihnen dabei Stellen auffallen, die Sie anders besser fahren könnten, so zögern Sie nicht lang und greifen Sie beherzt zu den Zeichenwerkzeugen in der Symbolleiste.

Es ist auch deshalb sinnvoller die heruntergeladene Tour erst einmal in BaseCamp zu öffnen, um überhaupt zu überprüfen, ob die Trackdatei unbeschädigt angekommen ist. Können Sie diese mit BaseCamp öffnen, so sollte auch Ihr Garmin-GPS keine Probleme haben. Am PC können Sie dies schnell feststellen, während Sie bei Ihrem GPS-Gerät nicht erfahren, warum der Track im Track-Manager nicht zu finden ist.

Daten importieren und bearbeiten

Klicken Sie also in BaseCamp auf den Bibliotheken-Ordner „Meine Sammlung" oder einen darin angelegten Listenordner, damit die zu öffnende Datei in diesem Arbeitsordner der PC-Festplatte angelegt wird. Sie können sich z.b. einen Listenordner anlegen, in dem Sie eben nur die aus dem Internet geladenen Touren ansammeln. Klicken Sie dazu mit der rechten Maustaste auf „Meine Sammlung" und wählen aus dessen Kontextmenü „Neuer Listenordner". Solange dieser neue Eintrag noch blau markiert ist, können Sie diesem auch gleich einen passenden Namen geben, z.B. „Internettouren".

Während der neue Listenordner noch angewählt ist, klicken Sie nun in der Menüzeile auf „Datei" und wählen aus dessen Aufklappliste den Eintrag „In Internettouren importie-ren". So werden diese Tourdaten in den Listenordner „Internettouren" gelegt.

Abbildung 3-1 Listenordner anlegen und darin GPS-Dateien importieren

Zum Bearbeiten dieser Tour markieren Sie die Liste in der Bibliothek, so dass Sie alle darin befindlichen GPS-Objekte in der darunter ange-ordneten Objektliste sehen. Klicken Sie dort den Track mit der linken Maustaste an, um dessen Trackpunkte mit den Werkzeugen „Einfügen", „Punkt verschieben", "Löschen" oder „Teilen" bearbeiten zu können und eben genau an Ihre Vorgaben anzupassen.

Möchten Sie z.B. den Startpunkt verlegen, so wählen Sie das ✤„Tei-len"-Werkzeug. Führen Sie den Mauszeiger an die Stelle Ihres neuen Startpunktes und trennen den Track dort auf. Fügen Sie dann die zwei entstandenen Teilstücke wieder zusammen wie Sie es im Kapitel 2/ „ Teilen und Zusammenfügen" erlernt haben.

Abbildung 3-2
Tourstart
verlegen

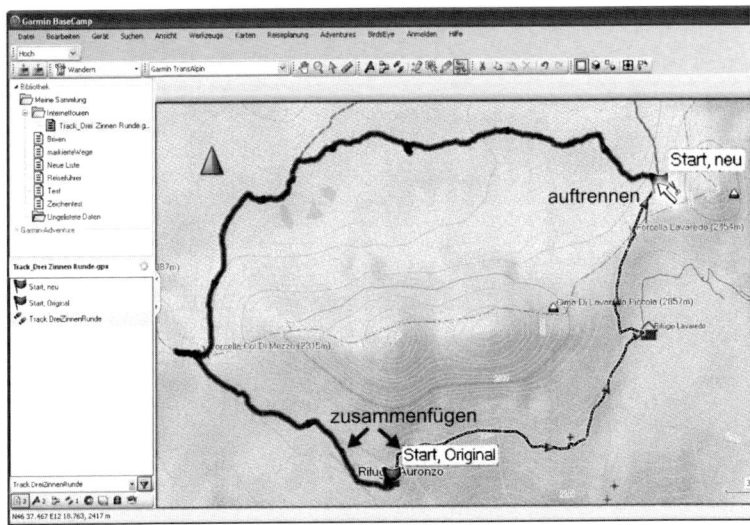

Aufzeichnungen aus dem GPS-Gerät auslesen

In BaseCamp können Sie nicht nur Touren erstellen, sondern auch alles was Sie mit Ihrem Gerät aufgezeichnet haben sofort sehen und komfortabel auswerten sowie nachbearbeiten. Schließen Sie deshalb Ihr GPS-Gerät per USB-Kabel an den PC an und erforschen Sie, was Sie geleistet haben!

Warten Sie bis der grüne Ladebalken unter dem erkannten Gerät in der linken Spalte erlischt. Klicken Sie dann mit der linken Maustaste auf den im GPS-Gerät erkannten Speicherplatz „Interner Speicher", um die Daten sehen zu können die im Gerätespeicher liegen. Klicken Sie hingegen auf den Ordner „Benutzerdaten" der erkannten microSD-Karte, wenn Sie alle dort abgelegten Aufzeichnungen sehen möchten (wenn Sie „Aufzeichnung auf Speicherkarte" in Ihrem GPS-Gerät eingestellt haben).

In der Objektliste darunter werden nun alle Objekte angezeigt, die sich im Gerät bzw. auf der microSD-Karte befinden, egal ob es die Aufzeichnungen des Gerätes (Aktueller Trackspeicher oder Archiv) oder Touren, Wegpunkte, Fotos, Geocaches und Abenteuer sind, die Sie selbst an das Gerät bzw. microSD-Karte gesendet hatten.

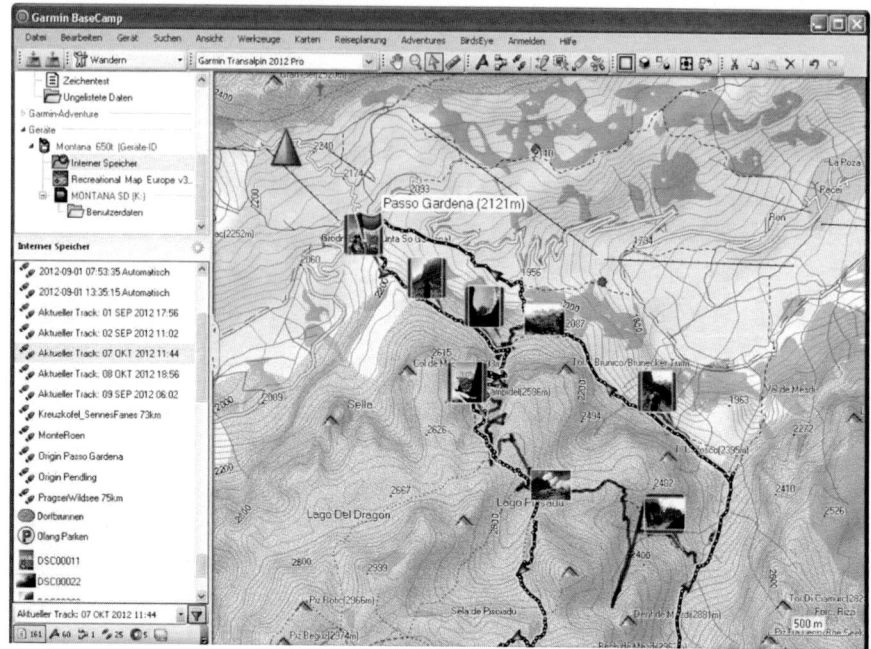

Abbildung 3-3 Objektdaten, die im GPS-Gerätespeicher liegen

Vom GPS-Gerät aufgezeichnete Tracks werden mit „Aktueller Track: Datum" dargestellt. Aufgezeichnete Tracks, die schon länger im Gerät verweilen und den Trackspeicher überfüllen, werden automatisch in das Archiv ausgelagert. Solche Tracks werden in BaseCamp derzeit mit „Datum Startuhrzeit Automatisch" gekennzeichnet.

Eigens von Ihnen im Gerät abgespeicherte Aufzeichnungen werden entweder automatisch mit dem Datum betitelt oder tragen den von Ihnen im Gerät definierten Namen.

Sind Sie im Besitz eines GPS-Gerätes mit Foto-Kamera, so werden die damit aufgenommenen Fotos sofort auf dem aufgezeichneten Track in der Kartenansicht in BaseCamp angezeigt.

Verfügen Sie über Fotos einer externen GPS-Kamera zu einer aufgezeichneten Tour, können Sie diese in der Karte als Wegpunkte auf dem Track erstellen lassen (rechter Mausklick auf den Track, „Fotos mithilfe von Track Geo-Tags hinzufügen", dann den Datei-Pfad angeben, wo der Ordner mit den dazugehörigen Fotos liegt).

Ein doppeltes Anklicken eines Objektes in der Objektliste mit der linken Maustaste zentriert das Element in der Kartenansicht und öffnet gleichzeitig dessen Eigenschaften. Das dürfte für Sie nicht neu sein. Doppelklicken Sie z.B. auf ein <u>Foto</u>, öffnet sich dieses in Großansicht sowie auch dessen bearbeitungsfähige Eigenschaften. Sie können den Namen des Fotos und den Anzeigemodus (ob nur das Bild oder das Bild mit Namen in der Karte sichtbar sein sollen) ändern sowie das Foto durch Abändern der <u>Koordinaten</u> auch in seiner Position verschieben. Wenn Sie das Foto mit dem am unteren Fensterrand angeordneten Button „Speichern als" aus BaseCamp herausholen und an einem Ort Ihrer Wahl als normale JPG-Bilddatei abspeichern, bleiben auch die Positionskoordinaten enthalten und können in GPS-Programmen wieder geöffnet bzw. im Garmin-GPS verwendet werden.

Öffnen Sie das Foto jedoch in einem Bildbearbeitungsprogramm und speichern es aus diesem neu ab, so würden die GPS-Informationen verloren gehen.

Abbildung 3-4
georeferenziertes Foto
in BaseCamp

Schließen Sie das Fotoeigenschaften-Fenster und öffnen Sie nun bitte einmal die Eigenschaften eines vom GPS-Gerät aufgezeichneten Tracks.

Im Gegensatz zu einem in BaseCamp selbst erstellten Track enthält der per GPS aufgezeichnete Track wesentlich mehr Informationen. In der Übersicht der Eigenschaften finden Sie nun nämlich auch die Gesamtdaten der Zeit, Geschwindigkeit und wenn mit optionalem Zubehör betrieben auch Temperatur, Herz- und Trittfrequenz.

In der Trackpunkte-Auflistung darunter können Sie nun neben den bereits bekannten Daten wie Höhe, Teilstrecke und Richtung auch die genaue Fahrt-/Gehzeit, Geschwindigkeit, Uhrzeit, Temperatur, Herz- und Trittfrequenz jedes einzelnen Trackpunktes ablesen.

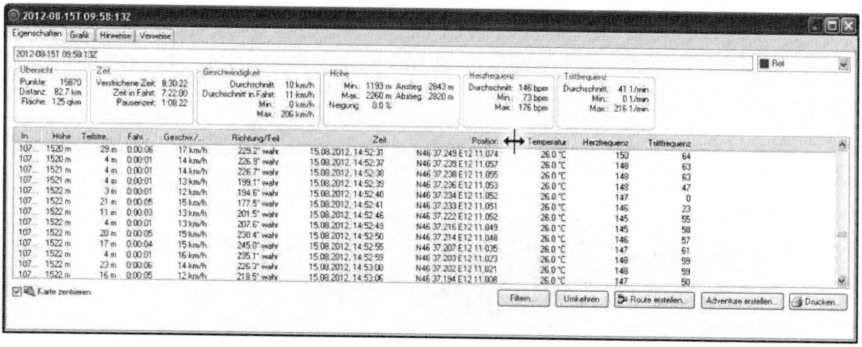

Abbildung 3-5 Trackeigenschaften eines per GPS aufgezeichneten Tracks

Um in der Trackpunkte-Liste auch wirklich alle Spalten angezeigt zu bekommen, führen Sie den Mauszeiger in den Listenkopf, z.B. hinter das Wort „Position" bis sich Ihr Mauszeiger in einen Doppelpfeil verwandelt. Dann ziehen Sie die Spalte mit gehaltener linker Maustaste nach rechts. Unter Umständen tut sich so eben noch eine Spalte auf.

Höhenwerte: barometrisch, per GPS oder aus der Karte

Die theoretischen Werte von Höhe, Teilstrecke und Richtung eines am PC gezeichneten Tracks werden bei einem mit dem GPS-Gerät mit Barometer aufgezeichneten Track durch die tatsächlichen Daten ersetzt. Das heißt also auch, wenn Sie ein GPS-Gerät mit barometrischem Höhenmesser verwenden, bekommen Sie dann in BaseCamp die barometrischen Höhendaten aus Ihrem GPS-Gerät angezeigt. Diese Werte sind am genauesten. Sie können aber selbst entscheiden, ob Sie doch lieber die Höhendaten aus der Karte verwenden wollen. Dazu schließen Sie das zuvor geöffnete Eigenschaften-Fenster und klicken mit der rechten Maustaste auf den Track in der Objektliste. In dessen Kontextmenü wählen Sie „Höhendaten der Karte für ausgewählten Track verwenden". Sie werden somit andere Höhendaten erhalten.

➜ Programme, welche die Gesamthöhenmeter einer geplanten Tour im Voraus angeben, zeigen immerhin „nur" einen theoretischen Wert. Durch die Summierung der im Einzelnen um vielleicht nicht einmal 1m abweichenden Höhenangaben, die auf dem gezeichneten Track erkannt wurden, kann es in der Summe doch zu einer sehr großen Abweichung zu den tatsächlich bevorstehenden Höhenmetern kommen. Daher kann ein und derselbe Track beim Öffnen in verschiedenen GPS-Programmen unterschiedliche Gesamtaufstiegswerte anzeigen.

Auch wenn Sie einen mit dem GPS-Gerät aufgezeichneten Track in einer anderen elektronischen Karte (als BaseCamp) am PC öffnen kann es vorkommen, dass Ihre barometrischen Höhendaten aus dem GPS-Gerät missachtet werden. Gerne verknüpfen einige GPS-Programme die realen GPS-Daten mit den theoretischen Höhendaten, die der elektronischen Karte zugrunde liegen. BaseCamp übernimmt in erster Linie die barometrischen Höhenwerte aus dem Gerät und korrigiert diese ein wenig, lässt aber auch die manuelle Auswahloption von Höhendaten der Karte zu.

Sind Ihnen die Höhendaten wichtig, so orientieren Sie sich einzig und allein an den Werten, die Ihr GPS-Gerät mit Barometermessung aufgezeichnet und addiert hat, somit also im Reisecomputer oder Höhenprofil im Datenfeld „Aufzeichnung gesamt" anzeigt.

Per GPS erfasste Höhendaten sind, wenn überhaupt, nur im Stillstand nützlich. Die GPS-basierte Höhenaufzeichnung während einer Fortbewegung ist um ein vielfaches ungenauer, als die barometrische Aufzeichnung. ←

Aufzeichnungen vom Gerät empfangen, bearbeiten und abspeichern

Nun haben wir uns die Daten aus dem GPS-Gerät zwar schon angesehen und vielleicht auch schon bearbeitet, aber man darf nicht vergessen, dass dies alles direkt im Gerätespeicher geschehen ist. Wer seine gesamte Tourensammlung dort auch liegen lassen möchte bis der Geräte- oder microSD-Kartenspeicher aus allen Nähten platzt, kann das natürlich so machen. Wem allerdings die aufgezeichneten Tourdaten am Herzen liegen, sollte sich die Aufzeichnungen recht bald aus dem Gerät holen, in BaseCamp nachbearbeiten und an einem sicheren Ort abspeichern.

➔ Besitzer von Garmin GPS-Tainingsgeräten können Ihre Aufzeichnungen sowieso nicht direkt im Gerät nachbearbeiten. Bei diesen Geräten muss die Aufzeichnung immer zuerst in die BaseCamp-Bibliothek gesendet werden. ⬅

Zum Empfangen der aufgezeichneten Daten aus dem GPS-Gerät können Sie zum einen den 🔺 „Von Gerät empfangen…"-Button verwenden. Daraufhin öffnet sich das kleine „Gerät wählen"- Dialogfenster, in dem Sie das externe Gerät auswählen, dessen Daten Sie empfangen möchten. Klicken Sie die entsprechende Zeile an und bestätigen Sie Ihre Auswahl mit „OK".

In der Bibliothek gesellt sich ein Listenordner mit dem automatischen Namen „Daten vom Gerät…" dazu. Darin befindet sich die Liste mit allen Objekten die vom Gerät empfangen wurden.

Abbildung 3-6 Daten von Gerät empfangen

Zum anderen können Sie aber auch einzelne Aufzeichnungen aus dem GPS-Gerät in die BaseCamp-Bibliothek holen. Legen Sie sich also zuerst eine separate Liste in Ihrem Bibliotheken-Ordner „Meine Sammlung" an. Markieren Sie dann mit der linken Maustaste Ihre Aufzeichnung und die eventuell unterwegs erstellten Wegpunkte in der Objektliste des Gerätespeichers und ziehen Sie diese mit gehaltener Maustaste ganz einfach nach oben, in Ihre gewünschte Liste von „Meine Sammlung".

Alternativ können Sie aber auch mit einem rechten Mausklick auf die markierten Elemente im GPS-Gerätespeicher klicken und aus dessen Kontextmenü „Senden an…" wählen.

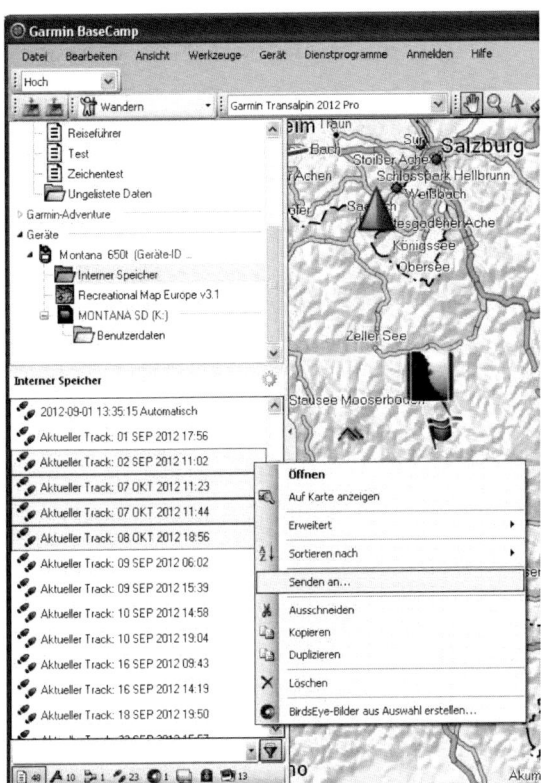

Abbildung 3-7 Daten aus dem Gerätespeicher senden an eine/n Liste oder Listenordner

So liegt der Track von allen anderen Elementen getrennt in einer eigenen Liste und Sie können diesen nun gut nachbearbeiten.

Nutzen Sie auch die ▼ Filtermöglichkeiten am unteren Rand der Objektliste, um sich nur Tracks, nur Wegpunkte, nur Fotos etc. anzeigen zu lassen.

Zum Bearbeiten wählen Sie den Track in der Objektliste mit einem linken Doppelmausklick an, so dass dieser wieder in der Kartenansicht zentriert und größtmöglich dargestellt wird. Schließen Sie das sich gleichzeitig öffnende Eigenschaften-Fenster, wenn Sie es nicht benötigen.

Mit den Bearbeitungswerkzeugen über der Kartenansicht können Sie nun Verfahrwege heraus"radieren", den Track in Einzelteile schneiden (falls vergessen wurde, die Trackaufzeichnung auszuschalten, bevor man das Gerät an einem anderen Ort wieder eingeschaltet hatte) oder auch Trackpunkte einfügen, um eventuell eine kleine Umfahrung zu ergänzen.

Letztendlich speichern Sie sich diesen ausgesäuberten, fertig bearbeiteten Track mit den dazugehörigen Wegpunkten für die Ewigkeit ab. Sinnvoll ist es jeden Track einzeln inkl. zugehöriger Wegpunkte (z.b. Parkplatz/Start der Tour, schöne Ausblicke, Wasserstellen, bewirtschaftete Alm) in einer GPX-Datei auf der PC-Festplatte oder wo auch immer mit einem klar zu erkennenden Namen abzulegen, z.B. „BrixenKammweg.gpx" (dazu die entsprechende Liste in BaseCamp markieren, Menüleiste: Datei > Exportieren> „*Listenname* exportieren").

Es spricht allerdings auch nichts dagegen, alle Aufzeichnungen, die sich aktuell im GPS-Gerätespeicher befinden, gemeinsam in einer GPX- oder GDB-Datei abzuspeichern (allerdings möchte man sich selten den gesamten „Müll" abspeichern): Wenn doch, dann markieren Sie in der Objektliste des Gerätespeichers alle Aufzeichnungen und wählen über Datei > Exportieren > "Auswahl exportieren". Man muss diese Objekte also auch gar nicht erst vom Gerätespeicher in den Bibliotheken-Ordner holen.

Im Prinzip ist es egal, ob im Garmin-Format „GDB" oder im universellen Format „GPX" abgespeichert wird. Wenn es sich aber um sehr viele umfangreiche Objekte und evtl. auch Verlinkungen mit Fotos in einer Datei handelt, muss man in diesem Fall das „GDB"-Format nutzen, um diese Datei in BaseCamp mit all seinen Objekten und eventuellen Verlinkungen zu Fotos wieder öffnen zu können. Soll nur die Strecke mit Wegpunkten abgespeichert werden, ist sicher das universelle GPX-Format besser, da man diese Datei dann auch gleich so wie sie ist im GPS-Gerät verwenden kann.

Einen Track (oder Route) als Animation betrachten

Möchte man letztendlich einen Track oder eine Route als Animation in der 2D- oder 3D-Karte betrachten, bietet die <u>Wiedergabe-Funktion</u> in BaseCamp diese Möglichkeit an. Dazu aktivieren Sie über die Menüleiste > Ansicht > Symbolleisten die der „Wiedergabe" und „Wiedergabeinformationen". In der dadurch auftauchenden Abspielleiste können Sie eine Wiedergabegeschwindigkeit wählen, die der 0,05- bis 1000-fachen Ihrer realen Aufzeichnung entspricht. Klicken Sie nun eine(n) Track oder Route in der Objektliste doppelt an, damit sich das Eigenschaften-Fenster öffnet. In diesem schalten Sie bitte auf das Höhenprofil um. Schieben Sie das Fenster an eine Stelle, an der es Sie nicht stört, wenn Sie gleichzeitig den Track bzw. die Route in der Karte sehen wollen. Starten Sie schließlich die Wiedergabe mit dem ▶Play-Button in der Wiedergabe-Leiste. Dadurch wird nun gleichzeitig in der Karte und im Höhenprofil die fortschreitende Position angezeigt.

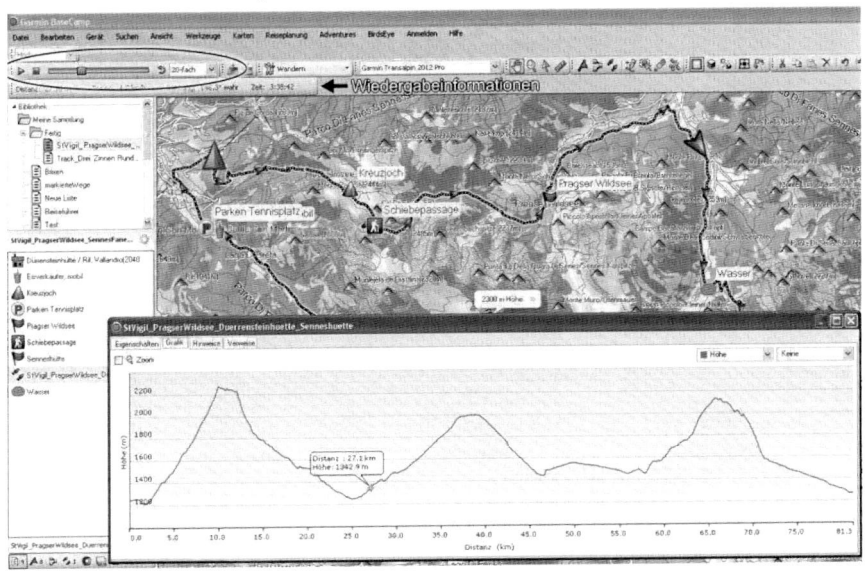

Abbildung 3-8 ablaufende Animation mit 20-facher Beschleunigung des originalen Aufzeichnungstempos

Abbildung 3-9 Kartenansicht wechseln

Sie können die Animation sowohl in der 2D- als auch in der 3D-Karte betrachten. Schalten Sie sich dazu z.B. das geteilte Fenster mit beiden Karten über den Button in der Symbolleiste ein.

Sonstige Tools

Ein weiteres Highlight ist die Ansicht der aufgezeichneten Tour in GoogleEarth:

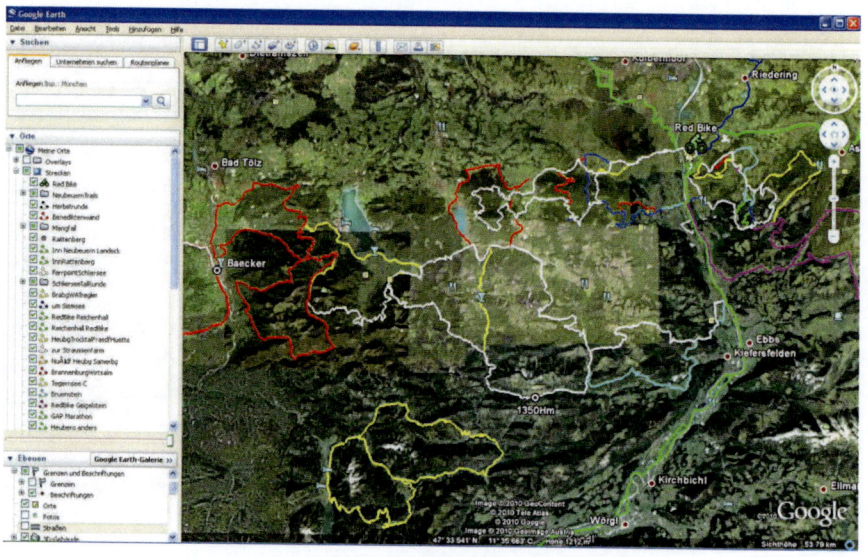

Abbildung 3-10 die eigene Tourenübersicht in GoogleEarth

Die kostenlose „GoogleEarth"-Version können Sie sich hier herunterladen: http://earth.google.com/intl/de/ und auf Ihrem Rechner installieren.

BaseCamp ermöglicht es Ihnen aus der aktuellen Ansicht an die gleiche Position in der GoogleEarth-Karte zu springen, um so diese Situation in der Satellitenbild-Ansicht zu begutachten. Das ist auch bei der Erstellung von Touren von großem Nutzen, wenn sich die Wegbeschaffenheit überhaupt nicht einschätzen lässt. So kann man vielleicht in der realistischen Perspektive einen besseren Eindruck gewinnen oder stößt eventuell auf Fotos, die die Gegebenheit ganz klar zeigen.

Markieren Sie in der Objekt-Liste von BaseCamp einen Track oder Wegpunkt, der im Satellitenbild angezeigt werden soll. Über die Menüleiste > Ansicht > GoogleEarth > „Ausgewählte Elemente" wird GoogleEarth geöffnet, fliegt an die Position des ausgewählten GPS-Objektes und stellt dieses im Satellitenbild dar. So kann man jede per GPS aufgezeichnete Tour in GoogleEarth laden und sich so sein eigenes, sehr übersichtliches Tourenportal anlegen. Denn spätestens mit dem Schließen von Google-Earth können die bereits darin geöffneten Aufzeichnungen abgespeichert werden, um beim nächsten Öffnen wieder zur Verfügung zu stehen. So sieht man auf einen Blick, welche Teile der Erde man selbst schon einmal live erlebt hat. Wichtig ist dann natürlich, sich die GoogleEarth-Sammlung von Zeit zu Zeit abzuspeichern:

Klicken Sie dazu mit der rechten Maustaste auf „Meine Orte" in der linken Spalte des GoogleEarth-Programms und wählen aus dessen Kontextmenü „Ort speichern unter…". Es öffnet sich das Standard-Dialogfenster zum Abspeichern einer Datei. Wählen Sie den Ort auf Ihrer PC-Festplatte oder sonstigem Speichermedium. Den Dateinamen legen Sie frei nach Ihren Wünschen fest. Als Dateityp wählen Sie einen der GoogleEarth-eigenen Formate „KMZ" oder „KML". Es ist Ihnen überlassen, für welches Format Sie sich entscheiden. (KMZ ist die komprimierte, gepackte Form einer KML-Datei, welche beim Öffnen in GoogleEarth automatisch entpackt wird.) Also würde bei umfangreichen Tourensammlungen wohl das KMZ-Format Sinn machen.

Garmin-Abenteuer

Ein Garmin-Abenteuer ist ein kompaktes, virtuelles Ausflugspaket, welches Sie an Freunde, Bekannte oder eine Community über Facebook®, Twitter® etc. kostenlos verschicken können. In dieses Ausflugspaket können Sie Ihre GPS-Aufzeichnung und dazugehörige Fotos packen, die damit auch gleich mit GPS-Koordinaten verknüpft werden, und Ihre Bemerkungen sowie Wegpunkte beilegen. Aber auch Videos können Sie Ihrem Paket hinzufügen, wenn diese im Onlineportal „YouTube" zur Verfügung stehen.

Ein Abenteuer erstellen Sie in der BaseCamp-Software mit den Aufzeichnungsdaten aus Ihrem GPS-Gerät und versenden es ebenfalls aus dieser Plattform. Abenteuer kann man mit dem dazu geeigneten GPS-Gerät, einem Smartphone oder in BaseCamp erleben.

Abenteuer erstellen

Wenn Sie Ihr GPS-Gerät per USB mit dem PC verbinden, erkennt BaseCamp sofort alle neuen Aufzeichnungen seit der letzten Verbindung. Dadurch erscheint über dem Kartenfenster eine gelbe Informationszeile, die Sie darauf aufmerksam macht. Klicken Sie mit der linken Maustaste in diese gelbe Zeile und wählen Sie aus der aufklappenden Liste „Adventure erstellen", wenn Sie direkt aus einer Ihrer letzten Aufzeichnungen ein Abenteuer erstellen wollen. Aber Sie wissen ja inzwischen, dass es natürlich weitaus sinnvoller ist, zuerst die Aufzeichnung nachzubearbeiten und von ungewollten Verfahrern zu befreien. Also könnten Sie auch den Listeneintrag „Diese Meldung nicht wieder anzeigen" wählen und Adventure-Funktion über die Menüleiste starten. Entscheiden Sie selbst.

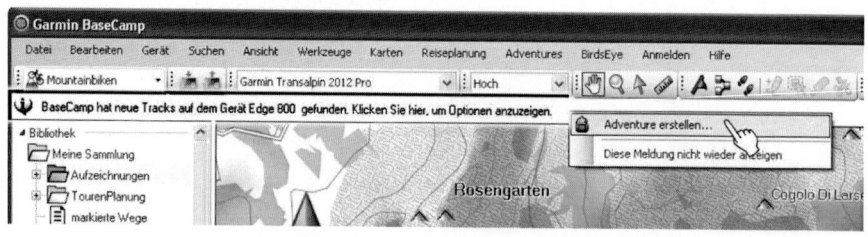

Abbildung 3-11 Abenteuer direkt aus den aufgezeichneten Rohdaten erstellen

Ein neues Abenteuer können Sie auf diese Weise erstellen, dass Sie in der Objektliste mit der rechten Maustaste auf einen fertig nachbearbeiteten Track oder eine fertig zusammengestellte Liste klicken und aus dessen Kontextmenü die Auswahl „Garmin-Adventure erstellen" wählen. Es öffnet sich der Assistent zum Erstellen eines Abenteuers. Befinden sich mehrere Tracks in der angewählten Liste, müssen Sie im nächsten Schritt erst einen Track auswählen, von dem das Abenteuer erstellt werden soll.

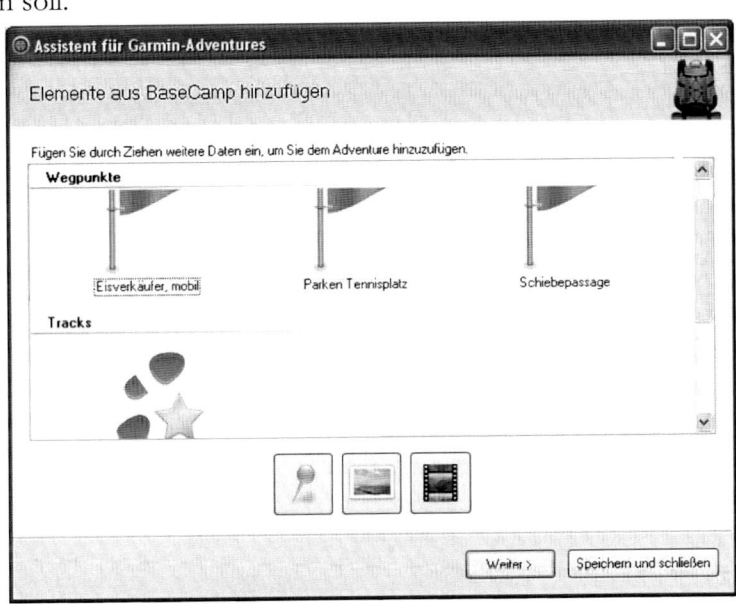

Abbildung 3-12
Abenteuer aus Objekten der Objektliste erstellen

Es werden automatisch alle Wegpunkte im Assistenzfenster angezeigt, die auf dem Track erkannt werden, egal in welchen Listen diese liegen. Möchten Sie automatisch erkannte Elemente nicht in dieses Abenteuer packen, so klicken Sie es im oben gezeigten Fenster mit der rechten Maustaste an und wählen aus dessen Kontextmenü „Löschen".

Mit den Buttons am unteren Fensterrand können Sie des Weiteren Anmerkungen, Fotos und Videos an x-beliebigen Positionen hinzufügen. Klicken Sie auf eine der Funktionen, so verkleinert sich das Assistenzfenster in die linke untere Kartenecke, so dass Sie reichlich Platz in der Karte haben, um an die Stelle zu klicken, wo die Bemer-

Abbildung 3-13
Anmerkungen, Fotos
oder Videos
dem Abenteuer
hinzufügen

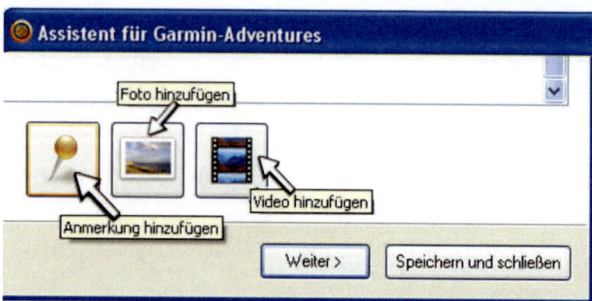

kung, das Foto oder das Video hinzugefügt werden sollen. Das entsprechende Objekt wird somit mit den Koordinaten verknüpft. Hierfür können also auch Fotos eines herkömmlichen Fotoapparates verwendet werden.

Abbildung 3-14 Anmerkung in der Karte platzieren

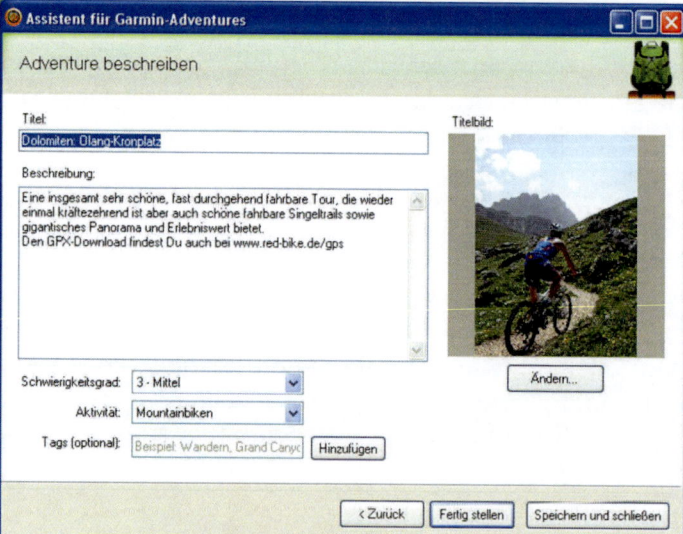

Abbildung 3-15
Abenteuer-
Beschreibung,
Name und
Eigenschaften
festlegen

Wenn Sie alle Objekte ausgewählt haben, bestätigen Sie Ihre Auswahl mit „Weiter". Im nächsten Schritt legen Sie alles das fest, was den Gesamteindruck der Tour ausmacht. Sie vergeben also in der obersten Zeile den Namen für das Abenteuer, schreiben in das große Textfeld darunter eine aussagekräftige Tourenbeschreibung und legen in den Auswahlfeldern am unteren Fensterrand den Schwierigkeitsgrad, die Aktivität und die Suchbegriffe fest, unter denen die Tour gefunden werden kann.

Um dem Abenteuer noch ein verlockendes <u>Titelbild</u> hinzuzufügen, klicken Sie mit der linken Maustaste in das Fotofeld oder auf den „Ändern"-Button darunter. Somit öffnet sich das Dialogfenster zum Auswählen des Fotos.

Mit dem Button „Fertigstellen" beenden Sie das Erstellen Ihres Abenteuers. Daraufhin öffnet sich das Abenteuer-Eigenschaftenfenster. Haben Sie noch etwas vergessen, so wählen Sie den am unteren Fensterrand angeordneten „Bearbeiten"-Button. Mit dem Button „Grafik" können Sie sich noch einmal das Höhenprofil ansehen und nach einem Klick auf „Wiedergabe" lehnen Sie sich am besten zurück und lassen sich Ihre Arbeit vorführen. Es öffnet sich die 3D-Ansicht und fliegt den Track des Abenteuers ab. An Foto-oder Videopunkten bleibt die Animation zum Betrachten vorübergehend stehen.

Abbildung 3-16 Abenteuer-Eigenschaften, mit dem ▶ Play-Button die Animation starten

Abenteuer veröffentlichen

Um nun das Abenteuer anderen mitteilen zu können, müssen Sie es „Veröffentlichen". Verwenden Sie dazu den gleichnamigen Button am unteren Fensterrand. Es öffnet sich eine Dialogbox, in der Sie sich mit Ihrem Garmin Benutzerkonto-Login anmelden. Danach beginnt sofort die Datenübertragung. Ist dies erfolgreich beendet, gesellt sich ein weiterer Button an der unteren Fensterkante hinzu, nämlich „Archivieren". Mit dieser Funktion können Sie Ihr Abenteuer wieder aus der Öffentlichkeit entziehen.

Abbildung 3-17 Veröffentlichtes Abenteuer sperren

Solange Ihr Abenteuer für die Öffentlichkeit freigegeben ist, können Sie die Community- und E-Mail-Button nutzen, um dieses Abenteuer an Freunde zu versenden.

Möchten Sie nachträglich noch etwas ändern, tun Sie dies mit dem Bearbeiten-Button und dem benachbarten „Änderungen veröffentlichen"-Button.

Möchten Sie Ihre Online-Tätigkeit beenden, melden Sie sich aus Ihrem Benutzerkonto ab. Klicken Sie dazu im rechten unteren Fenstereck auf „Abmelden".

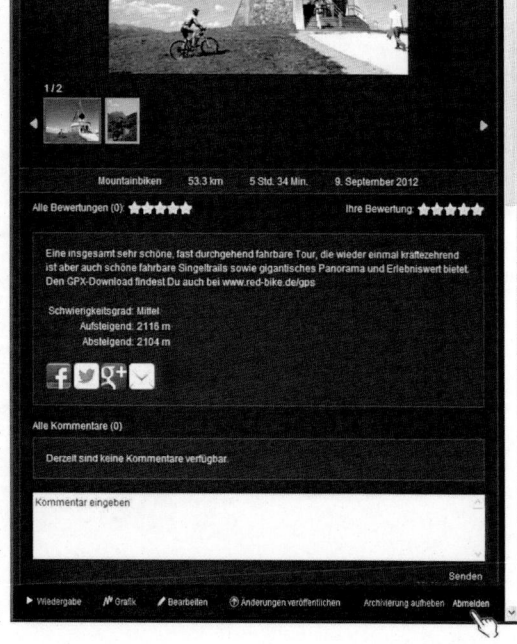

Abbildung 3-18 Adventure Login abmelden

Nach Abenteuern suchen

Wem die Abenteuer des Alltags nicht genügen… Nein, kleiner Scherz! Wenn Sie ein Garmin-Abenteuer von anderen erleben möchten, können Sie ebenfalls BaseCamp nutzen, um nach diesen zu suchen. Zentrieren Sie sich den Kartenausschnitt Ihres beabsichtigten Ausflugsgebietes im Kartenfenster. Dazu würde sogar die Basiskarte „Globale Karte" genügen.

Abbildung 3-19
Suchfunktion aktivieren

Öffnen Sie durch Anklicken des Lupe-Buttons die „Beste Ergebnisse"-Spalte. Aktivieren Sie hier das Rucksacksymbol. Sofort beginnt die Suche nach Abenteuern des gewählten Kartenausschnittes.

Aber Sie können auch einen Suchbegriff in das Eingabefeld tippen und die BaseCamp-Software auf diese Weise suchen lassen. Versuchen Sie es doch einmal mit „Kronplatz". Starten Sie die Suche mit 🔎.

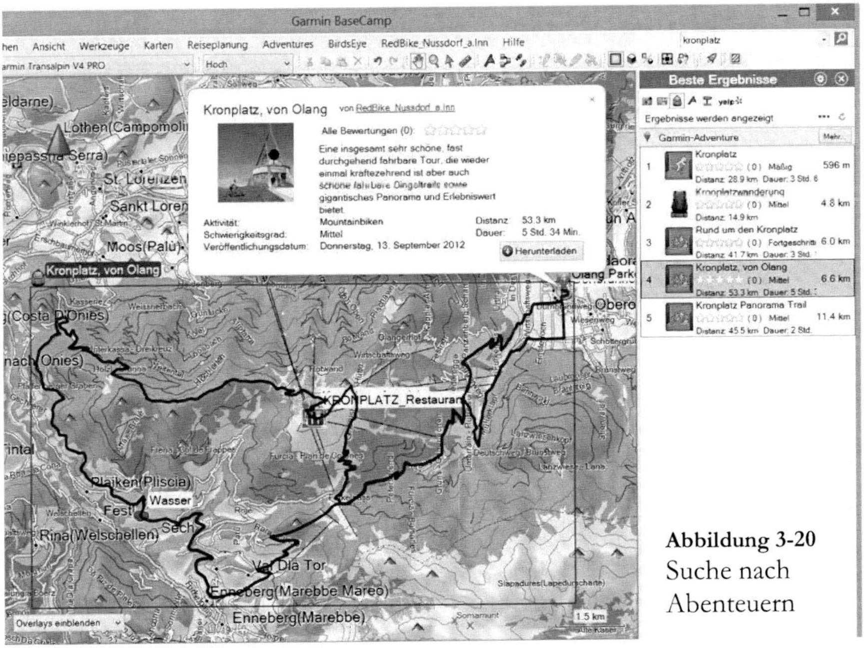

Abbildung 3-20
Suche nach
Abenteuern

Es wird eine Online-Verbindung aufgebaut und die Ergebnisliste sollte sich wenige Sekunden später füllen.

Durch einen linken Mausklick auf einen Eintrag der Ergebnisliste wird das Abenteuer in der Karte angezeigt, hingegen durch einen Doppelklick der linken Maustaste wird die Tour im Kartenfenster zentriert und größtmöglich dargestellt. Es öffnet sich die Kurzbeschreibung mit Angaben zur Aktivität und den Übersichtswerten wie Distanz und Tourdauer. Hier finden Sie auch den Button zum „Herunterladen" in die BaseCamp-Software. Wenn Sie diesen mit der linken Maustaste anklicken, können Sie links in der Bibliothekenliste beobachten wie ein grüner Ladebalken unter dem Eintrag „Garmin-Adventure" erscheint. Dort können Sie dann also dieses heruntergeladene Abenteuer mit Doppelklick der linken Maustaste aufrufen. Es öffnet sich die gesamte Ansicht mit allen Detailinfos wie wir sie gerade beim Erstellen eines Abenteuers kennengelernt haben. Wählen Sie den am rechten oder unteren Fensterrand angeordneten ▶„Wiedergabe"-Button, um sich das Abenteuer in der 3D-Ansicht vorführen zu lassen.

Abbildung 3-21 Durch den Wiedergabe-Button das Abenteuer in BaseCamp erleben

Ist es nun wirklich das was Sie live erleben möchten, so senden sie das Abenteuer an Ihr GPS-Gerät (rechter Mausklick auf das gesamte Adventure in der Bibliothekenleiste > Senden an... > GPS-Gerät „Interner Speicher"). GPS-Geräte, die mit dem Abenteuer etwas anfangen können, zeigen eine eigene Abenteuer-Kategorie im Hauptmenü. Dort finden Sie das Abenteuer nach der Übertragung auch wieder. Zum Starten und Beenden sollten Sie unbedingt immer diese Abenteuer-Kategorie im Hauptmenü aufrufen, damit Sie alle Abenteuer-Funktionen nutzen können. So bekommen Sie nämlich auch nach dem Beenden des Abenteuers die Möglichkeit vorgeschlagen, eine Beurteilung gleich am GPS-Gerät einzutippen, die dann bei der nächsten PC-Koppelung sofort erkannt und veröffentlich werden kann. Somit würde Ihr heruntergeladenes Abenteuer eine Bewertung erhalten und für weitere Nutzer interessanter oder weniger interessant werden.

Kapitel 4 - Spezielles

Wegpunkte mittels Koordinaten erstellen

Inzwischen ist es ja oft so, dass man im Internet Anfahrtsbeschreibungen mit der Koordinatenangabe findet oder auch in Google Earth mit der Suchen-Funktion ganz schnell einen Punkt aufgestöbert hat. Aber wie bekommt man diesen Wegpunkt in das GPS-Gerät, wenn kein Download-Link verfügbar ist?

Beispiel: Geben Sie in GoogleEarth in das „Suchen"-Feld einen Ort oder ein Merkmal ein, nachdem Sie suchen möchten. Sagen wir mal „Red Bike Nußdorf". Klicken Sie auf die Lupe rechts daneben, um die Suchen-Aufgabe zu starten. In der Liste darunter sollte daraufhin eine Auswahl von Punkten erscheinen, die den Suchparametern am ähnlichsten sind. Darunter sollte also auch „Red Bike, Am Inn 4, 83131 Nußdorf" auftauchen. Klicken Sie diesen Eintrag doppelt mit der linken Maustaste an, wodurch der Wegpunkt zentriert im Kartenausschnitt dargestellt wird. Aktivieren Sie nun das ⚓ „Ortsmarkierung hinzufügen"-Werkzeug aus der Symbolleiste über dem Kartenfenster und schieben den blinkenden Pin genau auf den Punkt, der Ihnen bereits in der Karte gezeigt wird.

Zoomen Sie wenn nötig mit dem Scroll-Rädchen der Maus so weit in die Karte, dass Sie das Ziel genau sehen können. Dabei neigt sich das Satellitenbild für einen besseren 3D-Eindruck. Wenn Sie die genaue Draufsicht beibehalten möchten, so drücken Sie die Taste „u" auf Ihrer Tastatur. Schon richtet sich GoogleEarth wieder aus.

In dem sich automatisch geöffneten „Neu: Ortsmarkierung"-Fenster können Sie dann die Wegpunkt-Koordinaten in der Zeile Breite und Länge ablesen:

Breite: 47° 44.511'N

Länge: 12° 8.313'E

Sollte das Format Ihrer Koordinatenanzeige anders aussehen, können Sie das in den Einstellungen ändern (Menüleiste: Tools > Optionen.

Auf der Registerkarte „3D-Ansicht", im Feld „Breite/Länge anzeigen", wählen Sie ein anderes Format. Das hier dargestellte Beispiel heißt „Grad, Dezimalminuten").

Nun öffnen Sie Ihre Kartensoftware am PC und erstellen einen Wegpunkt. In BaseCamp wählen Sie wieder in der oberen Werkzeugleiste das ▲ Fähnchen-Symbol und klicken anschließend wahllos in die Karte, um irgendwo einen Wegpunkt zu erstellen. Dadurch gesellt sich ein neuer Eintrag in der Objektliste hinzu. Durch das Fähnchen vor dem Eintrag lässt sich wieder erkennen, dass es sich hierbei um einen Wegpunkt handelt. Klicken Sie diesen Eintrag mit der linken Maustaste doppelt an, so dass sich dessen Wegpunkteigenschaften öffnen. Hier können Sie nun in der Zeile „Position" die Koordinaten aus Google Earth eintragen.

Wichtig ist natürlich jetzt, dass Sie in Ihrer Kartensoftware dasselbe Koordinatenformat wie in Google Earth verwenden. Zudem wird die Positionsangabe in der Garmin-Software in einer Zeile und ohne das Grad- u. Minuten-Symbol geschrieben. Des Weiteren wird statt dem Grad-Symbol ein Leerzeichen eingefügt. Die Richtungsangaben „N" und „E" werden vor den jeweiligen Zahlenwert geschrieben. Die Position des wahllos angeklickten Punktes sollte in BaseCamp jetzt also so aussehen:

N47 44.511 E12 08.313

Abbildung 4-1 Positionsformat einstellen

Ist das nicht der Fall, können Sie das Positionsformat wie folgt in BaseCamp umstellen: Menüleiste > Bearbeiten > Optionen > „Messung" und hier im Feld „Position". In der Aufklappliste „Gitter" wählen Sie den ziemlich weit oben aufgeführten Eintrag „Breite/Länge hddd°mm.mmm´".

Das Kartenbezugssystem „WGS84" bleibt bestehen. Anschließend kopieren Sie die Koordinaten von Google Earth in die Wegpunkteigenschaften in BaseCamp (und ändern die genannten Schreibabweichungen ab) oder tippen alles von Hand ein.

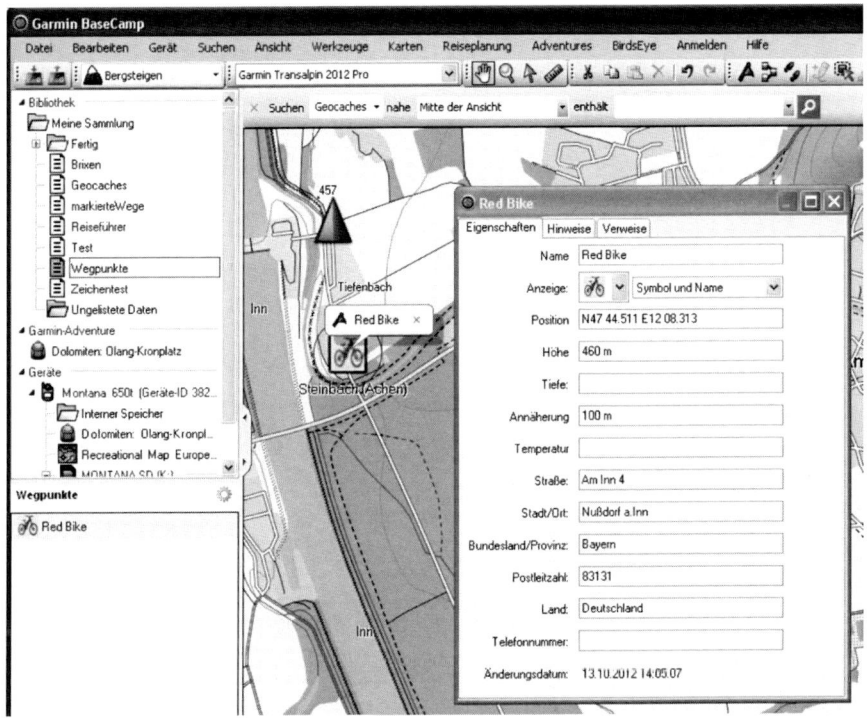

Abbildung 4-2 Wegpunkt erstellen in BaseCamp

Ebenso können hier nun noch alle Informationen ergänzt werden, die der Wegpunkt enthalten soll wie eben auch die Angabe der Höhe.

Wurde der wahllos angeklickte Punkt in einer topographischen Karte erstellt ist bereits eine Höhe eingetragen, während bei der Erstellung in der Garmin-Straßenkarte keine Höhenangabe vorhanden ist. Die richtige Höhe können Sie nun dadurch ermitteln, dass Sie in der Symbolleiste das ♣ „Wählen"-Werkzeug aktivieren und mit diesem in der Karte um den Wegpunkt herum nach Höheninformationen suchen. Zeigen Sie z.B. auf eine Höhenlinie, so wird die Höhe eingeblendet. Wenn gar nichts zu finden ist, könnte man auch mit dem ✎„Neuer

Track"-Werkzeug an dem fraglichen Punkt einen Track beginnen, um in dessen Höhenprofil die Starthöhe angezeigt zu bekommen. Tragen Sie dann den ermittelten Höhenwert bei den Wegpunkteigenschaften in das Feld „Höhe" ein.

Alle eingetragenen Werte auch Ihre Notizen, die Sie in der Register-karte „Hinweise" vermerkt haben, können Sie dann im GPS-Gerät ablesen, wenn Sie den Wegpunkt im Wegpunkt-Manager aufrufen.

Den erstellten Wegpunkt übertragen Sie mittels rechtem Mausklick > „Senden an…" an das angeschlossenes Gerät oder speichern ihn sich als GPX-Datei auf Ihrem PC ab, um diesen dann in den GPX-Ordner des GPS-Gerätespeichers zu kopieren (in der Objektliste gewünschten Wegpunkt markieren, über Menüleiste > Datei > Exportieren > „Auswahl exportieren").

Eigene Wegpunkt-Symbole erstellen

Wer seinem Wegpunkt in der Karte am PC und im GPS-Gerät (nur Outdoor-Geräte) gern sein eigenes Symbol geben möchte, kann sich hierfür ein x-beliebiges, gut erkennbares Bildchen in einer Größe von 25x25 Pixel anlegen und im Bild-Dateiformat „PNG" (Portierbare Netzwerk-Grafik) abspeichern.

Der Speicherort für diese benutzerdefinierten Symbole ist am PC der Ordner „Benutzerdefinierte Wegpunktsymbole", der sich automatisch im „Mein Garmin"-Ordner unter „Dokumente" mit der Installation von BaseCamp auf Ihrem Rechner erstellt haben sollte. Ist das nicht der Fall, legen Sie dort einfach einen neuen Ordner mit rechtem Mausklick „Neu" > „Ordner" an, den Sie genau so benennen.

Der Name Ihrer Bilddatei muss aus drei Zahlen bestehen. Sehen Sie am besten zuerst in dem bereits vorhandenen Ordner nach, welche Bild-dateien dort schon bestehen, welche Nummerierung sie besitzen und geben Ihren Symbolen die nachfolgenden Nummerierungen, wie z.B. 020.png; 021.png; 023.png usw.

In BaseCamp finden Sie dann Ihre eigens erstellten Symbole in den Wegpunkteigenschaften bei der Symbolauswahl unter „Benutzer-definiert".

Um dieses Symbol auch im GPS-Gerät verwenden zu können, kopieren Sie das Bildchen mittels des Arbeitsplatz-Explorers in den „Custom Symbols"-Ordner im „Garmin"-Ordner des GPS-Gerätespeichers bzw. legen sich dort den Ordner erst einmal an. Auch in Ihrem Outdoor GPS-Gerät finden Sie dann das Symbol bei der Symbolauswahl eines Wegpunktes unter „Benutzerdefiniert".

Cloud-Speicher aktivieren

BaseCamp ist zwar als Software auf Ihrem lokalen Rechner installiert, kann jedoch jederzeit auf Online-Daten zugreifen (wenn Online-Verbindung aktiv). Somit haben Sie mit der BaseCamp-Cloud (übersetzt: dem Datenspeicher „in den Wolken") die Möglichkeit, eigene Daten in ein eigenes Online-Konto zu senden, um diese von einem anderen Ort mit einem anderen Rechner (wo auch BaseCamp installiert ist) abzurufen. Das kann im Urlaub sinnvoll sein, aber genauso auch zu Hause, um nur einen anderen Rechner mit denselben Daten zu synchronisieren.

Aber auch mit einem Smartphone unter Verwendung der „BaseCamp mobile"-App (die es derzeit allerdings nur für Geräte mit IOS-Betriebssystemen gibt, also Apple-Produkte wie iPhone, iPad usw.) kann man diese Daten aus der BaseCamp-Cloud abrufen und an ein Garmin GPS-Gerät weiterleiten, welches über eine Bluetooth-Schnittstelle verfügt, wie die Outdoor GPS-Modelle der Oregon 600er-Serie, GPSmap64er-Serie und dem eTrex Touch 35.

Aktivieren bzw. Anmelden können Sie sich mit Ihren „MyGarmin"-Zugangsdaten (Garmin Benutzerkonto). Öffnen Sie mit einem linken Mausklick in der Menüleiste die „Anmelden"-Auswahlliste und wählen Sie dort „Bei myGarmin™ anmelden". Haben Sie noch kein Garmin-Konto, klicken Sie eine Zeile darunter auf „Konto erstellen".

Abbildung 4-3 Cloudspeicher aktivieren

Haben Sie sich erfolgreich einge-wählt und der Cloud-Speicher ist nicht sofort aktiv, öffnen Sie bitte nochmals die Anmelden-Auswahl-liste und wählen diesmal „Cloud-Speicher aktivieren". Spätestens jetzt erscheint Ihr Cloud-Speicher mit Ihrem Benutzer-Namen in Ihrer Bibliotheken-Spalte. Nun können Sie wie Sie es von anderen Listen und Datenträgern gewohnt sind Objekte aus der Objektliste des PCs in den Cloud-Speicher ziehen. Die sofort startende Datenübertragung können Sie anhand des grünen Ladebalkens mitverfolgen.

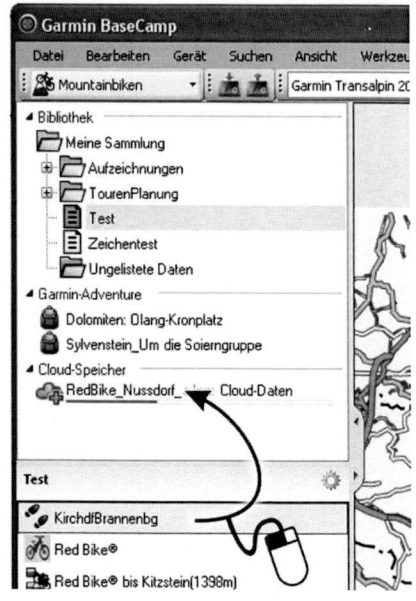

Abbildung 4-4
Daten in die Cloud schieben

Um an die Daten zu kommen, die sich in der Cloud befinden, brau-chen Sie nun lediglich mit der linken Maustaste auf Ihren Cloud-Namen zu klicken und bekommen die Objekte in der darunter angeordneten Objektliste angezeigt. Sie können sogar auch die Objekte in der Cloud direkt bearbeiten.

Am Ende Ihrer Arbeit melden Sie sich natürlich wieder ab (in der Menüleiste auf Ihren Benutzernamen klicken > „Abmelden"). Wenn Sie an einem fremden Rechner gearbeitet hatten, deaktivieren Sie noch zusätzlich den Cloud-Speicher über die Menüzeile > Anmelden > „Cloud-Speicher deaktivieren" und löschen damit alles, was noch in der Bibliotheken-Leiste aufgeführt ist.

Reiseplanung

Mit dieser Funktion können Sie sich durch Eingabe von Start- und Zielpunkt eine Route erstellen lassen. Zusätzlich zu der Routen-Zeichnen-Funktion direkt in der Karte hat man hier die Möglichkeit, das Reisedatum und die Dauer der beabsichtigten Reisezeit pro Tag anzugeben. Daher bietet sich diese Funktion wohl besonders für lange bzw. mehrtägige Reisen an. Denn man kann sich auch gleich entlang der Route interessante Punkte, wie z.B. Übernachtungsmöglichkeiten, Sehenswürdigkeiten etc. anzeigen lassen.

Man könnte sich zwar auch eine mehrtägige Transalp-Route vorschlagen lassen, doch dabei entsteht derzeit sowieso bloß der kürzeste Weg zwischen A und B. Da man jedoch bei der Überquerung der Alpen sicher etwas genauere Vorstellungen hat, zeichnet man daher besser mit der Routenfunktion direkt in der Karte. Aber ausprobieren können Sie es ja gern.

Abbildung 4-5 Reiseplanung starten

Für die Absicht mit dem Pkw zu reisen wählen Sie am besten die Garmin City Navigator-Straßenkarte aus Ihrer der Kartenauswahl. Zur Not tut es eine topografische Karte allerdings auch. Nur sollten Sie bei diesen Karten daran denken, dass hier keine Verkehrsregeln beachtet werden. So kann es passieren, dass die Autobahnausfahrt auch schnell einmal zur Auffahrt angewiesen oder im Kreisverkehr links herum navigiert wird.

Wählen Sie in der Menüleiste Reiseplanung > „Neue Reise". Es öffnet sich ein Fenster, was Ihnen bei der Eingabe aller Daten behilflich ist und die Sache recht verständlich macht.

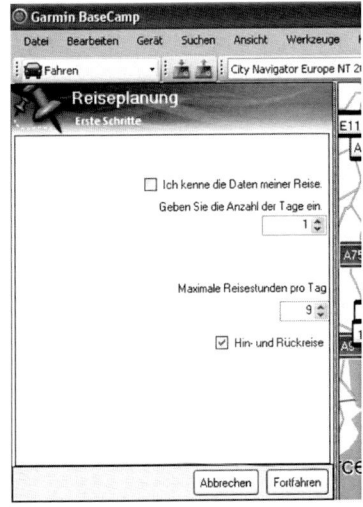

Geben Sie die Anzahl der geplanten Reisetage und die Dauer ein, die Sie hinterm Steuer verbringen möchten. Sollte die Strecke länger sein als vermutet, wird automatisch ein weiterer Reisetag angehangen. Setzen Sie das Häkchen bei „Ich kenne die Daten meiner Reise", wenn Sie das Reisedatum eingeben möchten. Entfernen Sie das Häkchen bei „Hin- und Rückreise", wenn Sie sich nur für eine

Abbildung 4-6 Reisedauer festlegen

Richtung interessieren. Wählen Sie dann „Fortfahren".

Im nächsten Schritt tippen Sie die Orte von Start und Ziel in die Eingabezeilen. Dazu können auch Hotelnamen oder Namen von eigenen Wegpunkten sowie Freizeiteinrichtungen, Campingplätzen etc. verwendet werden. Schreiben Sie den Namen einfach langsam Buchstabe für Buchstabe und wählen Sie den entsprechenden Eintrag aus der sich öffnenden Vorschlagliste aus. Starten Sie dann die Berechnung mit dem

Button „Reise starten".

Abbildung 4-7
Start- und Zielpunkt
wählen

Abbildung 4-8 Entlang der Route nach interessanten Punkten suchen, wie z.B. nach etwas zu Essen oder einer Übernachtungsmöglichkeit

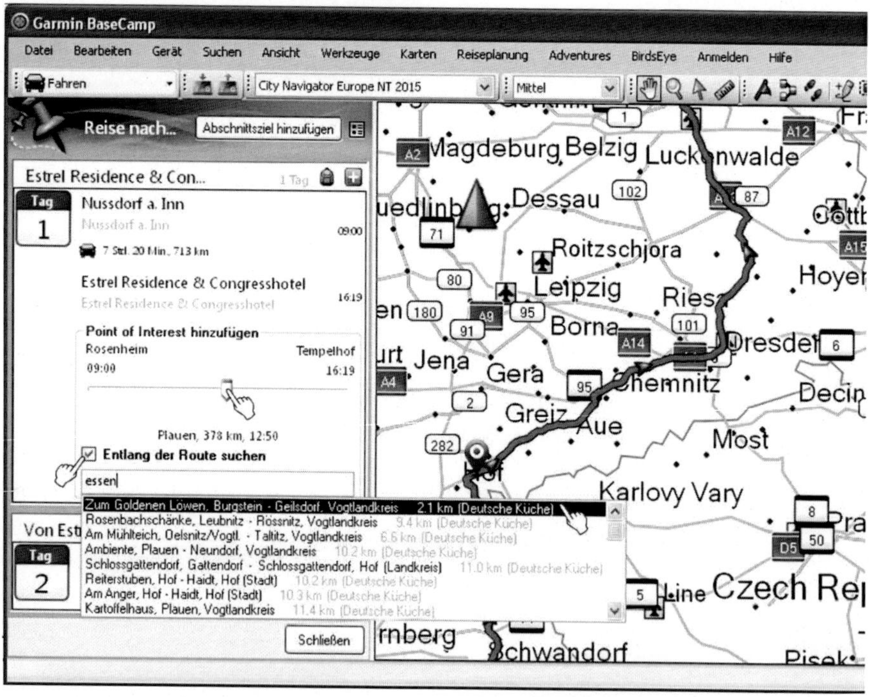

Im Reiseplanungs-Assistent sind nun die Reisetage mit der Strecke, die an dem Tag zu bewältigen ist, aufgelistet. Man könnte nun mit dem Button „Abschnitt hinzufügen" im oberen Spaltenkopf weitere Etappen hinzufügen, wenn man das wöllte. Interessanter ist hier vielleicht eher die Funktion, entlang der Route nach POIs suchen zu lassen. Schieben Sie den Schieberegler „Points of Interest hinzufügen" in Tag 1 nach rechts und sehen Sie in die Karte, wo sich die angezeigte Position befindet. Möchten Sie an dessen Ort nach einem POI suchen, setzen Sie das Häkchen bei „Entlang der Route" und klicken Sie in die Eingabezeile. Schreiben Sie jedoch nichts hinein und drücken Sie sofort die Enter-Taste Ihrer Tastatur. So wird alles Interessante rings um diesen Punkt angezeigt. Wenn Sie hingegen nach etwas bestimmte suchen, schreiben Sie den Suchbegriff in die Eingabezeile.
Wählen Sie das gewünschte Zwischenziel aus der sich öffnenden Ergebnisliste. Der Punkt wird sofort in Ihre Route eingebaut.

Das Vermeidungstool

Mit diesem Werkzeug können Sie einen gewünschten Bereich in der Karte markieren, der von der automatischen Routenberechnung ausgeschlossen bleiben soll.

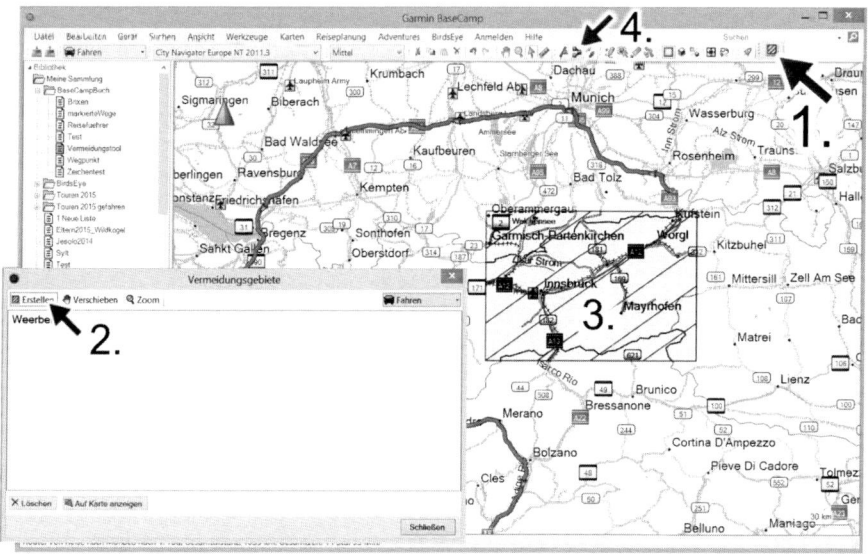

Abbildung 4-9 Vermeidungsbereiche markieren

Falls dieses Werkzeug in Ihrer Symbolleiste noch nicht sichtbar ist, können Sie es folgendermaßen hinzufügen:

Menüleiste > Ansicht > Symbolleisten > hier das Häkchen bei „Vermeidungsgebiete" setzen.

Zum Kennzeichnen Ihres unerwünschten Gebietes klicken Sie nun bitte das Vermeidungstool an. Daraufhin öffnet sich ein Fenster, in dem Sie später alle Ihre erstellten Bereiche mit Namen sehen können. Gleichzeitig werden diese markierten Bereiche im Kartenfenster schraffiert dargestellt. Aktuell ist nur die rechteckige Auswahl möglich. Klicken Sie im Vermeidungsgebiete-Fenster auf "Erstellen" (2.) und führen Sie Ihren Mauszeiger in das Kartenfenster. Ziehen Sie hier mit gehaltener, linker Maustaste ein Rechteck über den Bereich auf, der bei Ihrer Routenplanung vermieden werden soll (3.). Schließen Sie dann das Vermeidungsgebiete-Fenster.

Nicht wundern: Die Schraffierung ist nicht sichtbar, sobald Sie das Fenster schließen. Trotzdem existieren diese Vermeidungsbereiche.

Beginnen Sie mit Ihrer Routenplanung mit dem Werkzeug "Neue Route". Sie werden sehen, dass nun Ihr markierter Bereich von der Routenberechnung umgangen wird. Die erstellten Bereiche gelten jeweils nur für die Aktivität, die während der Erstellung ausgewählt war.

→ Achtung: Die erstellten Vermeidungsgebiete geraten schnell in Vergessenheit. Wenn Sie beim nächsten Mal ahnungslos eine Route erstellen, wird diese natürlich weiterhin das Vermeidungsgebiet ausschließen. Denken Sie daher bitte immer daran, nicht mehr benötigte Vermeidungsgebiete aus dem Vermeidungstool-Fenster zu löschen. ←

Das sollte als Grundlage reichen, um zu verstehen, was mit der BaseCamp-Software alles möglich ist und wie man es anstellt.

Geben Sie Ihre aufgezeichneten Daten an andere weiter, so denken Sie jedoch auch daran, ob der aufgezeichnete Track überhaupt für die Öffentlichkeit bestimmt ist! Vermeiden Sie also:

- Die Aufzeichnung von Privatwegen, auf denen sämtlicher Verkehr nicht erwünscht oder sogar untersagt ist,

- Schmale Wanderwege, die evtl. sogar noch stark frequentiert sind, als MTB-Strecke anzupreisen und

- Die Weitergabe von GPS-Daten von Querfeldein-Aktionen.

Achten Sie auf ein gesundes Maß an Verträglichkeit zwischen Mensch und Natur sowie dessen verschiedenen Freizeitaktivitäten untereinander und haben Sie viel Spaß mit Ihrem Sport- und Outdoor GPS-System !

Index

A

Abenteuer.................................3–134
   Änderungen veröffentl. 3–138
   archivieren/sperren............3–138
   erstellen..............................3–134
   suchen................................3–139
Abfahrtszeit bearbeiten............2–54
Activerouting...........................2–89
Adress-Suche...........................1–40
Aktivitätsprofil............... 1–27, 2–43
   bearbeiten.............................2–44
Alarmierungsfunkt. Wegpkt. 2–48
Ältere Geräte...........................2–108
Änderungen der Route.............2–73
Animation...............................3–131
Ankunftszeit bearbeiten...........2–54
Annäherung, Wegpunkte.........2–48
Ansicht, Symbolleiste...............1–28
Anstiegswert............................2–58
Anzeigereihenfolge...................1–19
Arbeitsplatz-Explorer..............2–111
Archiv, Speicher im GPS........3–124
Aufgabenportal........................1–29
Ausdruck ohne Trackpunkte..2–105
Ausrichtung, Ausdruck...........2–105
Ausschneiden-Werkzeug..........2–81
Auswahl exportieren................2–111

B

barometrische Höhenwerte....3–127
BaseCamp................................1–7
BaseCamp Download.................1–9
BaseCamp starten....................1–10
Basiskarte...............................3–139
Bearbeiten, Symbolleiste..........1–28
Bearbeitungsfunktionen...........1–28
Beenden, Einfügemodus..........2–66

Beste Ergebnisse.......................1–39
Bezeichnungen, Einstellg. 1–23
Bibliothek...............................1–30
BirdsEye..................................1–14
BirdsEye Satellite Imagery.......1–17
BirdsEye Select........................1–17

C

Cloud aktivieren.....................4–147
Cloud-Speicher
   aktivieren.............................4–148
   deaktivieren.........................4–148
Connect...................................1–14
CRS-Datei..............................2–114
Custom-Maps..........................1–32
CustomSymbols erstellen........4–146

D

Darstellungsqualität, Karte........1–23
Datei hinzufügen, Route..........2–59
Dateityp..................................2–62
Daten abspeichern....................2–61
Daten aus GPS holen.............3–128
Daten von PC holen.................2–62
Datenfilter...............................1–32
Detailinfos einblenden.............2–57
Detailstufe...............................1–29
Druckansicht größer/kleiner..2–104
Drucken................................2–102
Duplizieren.............................2–50
DVD installieren......................1–14

E

Einfügen, Beispiel....................2–73
Entfernen................................2–51
Explorer.................................2–111
Exportieren.............................2–61

F

Fenster einrichten 1–20
Fenstergröße ändern 1–21
Filter-Button 1–32
Filtern, Trackpunkte 2–56
FIT-Datei 2–114
Foto zum Abenteuer hinzuf. . 3–137
Foto-Objekte 3–125
Fotos dem Track hinzufügen 3–124
Fotos Speicherort 2–113
Freischalten, Garmin-Karte 1–14

G

Garmin Anmeldung 1–14
Garmin Benutzerkonto 1–14
Garmin-Connect 1–14
GDB-Datei 2–114
Geocaching 1–14
Gerät wählen, empfangen 3–128
Gerätespeicher 1–30
Geräteübertragung Einstllg. 1–24
Geräteübertragung, Button 1–27
Geschwindigkeit anpassen 2–45
Gitter, Positionsformat 1–24
GoogleEarth 3–132
GPS-Gerät vom PC trennen . 2–114
GPX-Datei 2–114
Gradzahlen, Neigung 1–24
Grafik, Höhenprofil 2–58
Gummifaden-Modus 2–66

H

Herunterladen, Abenteuer 3–140
Hinweise, Routeneigenschaften 2–59
Hinzufügen-Werkzeug 1–28
Höhendaten
   barometrisch 3–127
   per GPS 3–127
   vor der Tour planen 3–127
Höhendaten der Karte 3–127
Höhenprofil einer Route 2–58

Höhenprofil mit Wegpunkten . 2–59
Höhenprofil zoomen 2–59

I

IMG-Datei 2–118
Importieren 3–122
Internet-Touren 3–121

K

Karte aktivieren 2–118
Karte deaktivieren 2–118
Karte drehen 1–25
Karte verkleiner, vergrößern 1–25
Karte zentrieren 2–57
Karten an GPS-Gerät senden 2–116
Karten im GPS installieren 2–115
Kartenansicht 2D 1–20
Kartenansicht 3D 1–23
Kartenausrichtung 1–25
Kartenauswahl 2–43
Kartenbezugssystem 1–24
Kartendaten-DVD freischalten 1–14
Karten-Details drucken 2–106
Kartenfunktionen 1–28
Kartenmerkmal 2–49
Kartenprodukte 1–28
Kartenteil abwählen 2–118
KMZ- und KML-Datei 3–133
KOMPASS Digital Map 3D 2–76
Kontextmenü 2–45
Konto erstellen 1–14
Koordinaten 1–24
Koordinaten von Fotos 3–125

L

Linienbreite, Karteneinstellg. ... 1–23
Linienfarbe, Route 2–54
Linienstärke 1–36
Liste 1–30
Listen ordnen 2–109
Listenordner 1–30

Listenordner anlegen 3–122
Login 1–14
Löschen-Funktion 2–51
Luftlinie 2–70

M

MapInstall 2–116
MapSource 2–109
Markieren, Objekte 2–52
Markierte Wege 2–89
Markierten Weg hinzuf. 2–93
Maßstab d.Karte 2–67
Maustaste, rechts 2–45
Mehr Suchergebnisse 1–39
microSD-Karte 1–13

N

Nächste Seite, Druckvorschau 2–104
Neigung, Einstellungen 1–24
Neu berechnen, Route 2–53
Neue Liste 2–45
Nordreferenz 1–24

O

Objektliste 1–31

P

Papier, Drucken 2–106
Pfeilwerkzeug einblenden 1–26
Pixelkarten 1–18
Plug-in 1–16
POI (Points of Interest) 1–37
POIs suchen 1–38
Positionsformat 1–24, 4–144
Programmfenster einrichten 1–20
Prozent, Neigung 1–24
Punkt einfügen, BaseCamp 2–91
Punkt verschieben 2–88

R

Radiergummi 2–71
Reihenfolge verändern 2–83
Reiseplanung 4–148
Richtung 1–24
Route 1–34
Route aus markiertem Weg 2–90
Route aus Track erstellen 2–56
Route bearbeiten 2–73
Route erstellen-Werkzeug 1–28
Route senden an GPS 2–108
Route weiterzeichnen 2–101
Route, Eigenschaften-Fenster .. 2–53
Routenbreite 1–36
Routenpräferenz 2–45

S

Schere 2–81
Schere, Zerteilen-Werkzeug 1–28
Schneiden 2–81
Schriftgröße, Karteneinstellg. ... 1–23
SD-Karte 1–13
Seite einrichten, Drucken 2–104
Seitenlayout 2–105
Senden an.... 2–109
Sicherung erstellen 2–62
Software herunterladen 1–9
Sortieren, Objektliste 1–33
Sortieren, Senden an... 2–109
Spaltengröße ändern 1–21
Speichern 2–61
Sprache, Einstellungen 1–23
Stadt suchen, Karteninstall 2–118
Startpunkt verlegen 3–122
Steuerelemente der Karte 1–25
Strg-Taste 2–52, 2–70
Suchbegriff eintippen 2–89
Such-Funktion 1–38
Suchoptionen, erweitert 1–39
Symbolgröße, Karteneinstellg. ... 1–23
Symbolleiste 1–26

Symbolleisten anordnen 1–26

T

TCX-Datei.............................. 2–114
Teilen-Werkzeug.....................2–81
Teilstrecke messen 2–58
Track 1–35
Track aus Route erstellen 2–81
Track weiterzeichnen............. 2–101
Track zeichnen-Werkzeug........1–28
Trackbreite 1–36
Trackdetails ausdrucken 2–105
Trackpkt.-zahl verringern..........1–24
Trackpkte nicht ausdrucken... 2–105
Trackpunkte 1–35
Trackpunktliste 2–56
Tracks zusammenfügen.............2–83
Trackspeicher, GPS-Gerät..... 3–123
TrainingCenter-Software........ 2–109
Trainingsgeräte...................... 2–109
Trennen, GPS vom PC........... 2–114
Trichter-Button........................1–32

U

Übersichtskarte/ Minikarte.......1–21
Umkehren................................2–54
Update.......................................1–7

V

Vektorkarten 1–18
verbinden................................2–81
Vermeidungen..........................2–45
Vermeidungsgebiete 4–151
Verschieben-Werkzeug.............1–28
Verweise, Eigenschaften 2–60
Von Gerät empfangen 3–128
vorprogrammierte SD-Karte 1–13

W

Wahr, Nordreferenz 1–24
Weblink hinzufügen, Route...... 2–59
Wegbeschreibung für Routen .. 2–57
Wegpktsymbole erstellen........ 4–146
Wegpunkt aus POI 2–102
Wegpunkt Eigenschaften......... 2–47
Wegpunkt übernehmen 2–102
Wegpunkte................................ 1–37
Wegpunkte erstellen 2–47
Wegpunkte im Höhenprofil..... 2–59
Wegpunktliste........................... 2–54
Wegpunktreihenfolge............... 2–53
Wegpunkt-Werkzeug................ 1–28
Weiterzeichnen, Route/Track 2–101
WGS 84.................................... 1–24
Wiedergabe Animation 3–131
www.earth.google.com/intl/de
    GoogleEarth 3–132
www.garmin.de/activerouting
    Kartenlegende, Mark. Wege 2–89
www.garmin.de>Extras>POI
    POI Sammlungen,
    Benutzerkonto, Software
    Downloads 1–37
www.poi.gps-data-team.com
    POI-Sammlung weltweit...... 1–37
www.pointoo.de
    POI-Sammlg. Deutschland.. 1–37

Y

yelp... 1–41
YouTube Videos zum Track.. 3–134

Z

Zeichenfunktionen 1–28
Zoom, Höhenprofil.................. 2–59
Zusammenfügen 2–82
Zwischenziele...................... 1–35

Alle Red Bike® - GPS Praxisbücher im Überblick

- GPS Praxisbuch Garmin Edge705 / 605, ISBN 978-1-4461-8831-6;
- GPS Praxisbuch Garmin Edge800, ISBN 978-3-8391-8210-9;
- GPS Praxisbuch Garmin Edge 810, ISBN 978-3-7322-3028-0;
- GPS Praxisbuch Garmin Edge 1000, ISBN 978-3-7357-2486-1;
- GPS Praxisbuch Garmin Edge 520, ISBN 978-3-7386-2430-4;
- GPS Praxisbuch Garmin Edge Touring/ Touring Plus, ISBN 978-3-7322-8500-6;
- GPS Praxisbuch Garmin Dakota/ Oregon V2, ISBN 978-3-8391-7017-5;
- GPS Praxisbuch Garmin Oregon 6xx-Serie, ISBN 978-3-7322-3031-0;
- GPS Praxisbuch – Tourenplanung mit Garmin BaseCamp, ISBN 978-3-8482-2144-8;
- GPS Praxisbuch Garmin GPSMAP62 – Serie, ISBN 978-3-8423-2770-2;
- GPS Praxisbuch Garmin GPSMAP64 – Serie, ISBN 978-3-7322-8520-4;
- GPS Praxisbuch Garmin eTrex 10, 20, 30, ISBN 978-3-8423-6707-4;
- GPS Praxisbuch Garmin eTrex Touch, ISBN 978-3- 7386-2149-5;
- GPS Praxisbuch Garmin Montana – Serie, ISBN 978-3-8423-6706-7;
- GPS Praxisbuch Garmin Monterra, ISBN 978-3-7322-4589-5;
- GPS Praxisbuch Garmin fenix, ISBN 978-3-8482-2247-6;